JN115049

志位和夫委員長への手紙

日本共産党の新生を願って

鈴木元

かもがわ出版

はじめに

日本共産党幹部会委員長・志位和夫様

２０２３年1月1日　鈴木元

突然の長いお手紙で失礼いたします。貴方もご存じのように、私は貴方が昨年5月28日付け「朝日新聞」のインタビューに答えて「我が党が参加した政権では自衛隊は合憲」とする趣旨の発言をされたのに対して、お手紙を出すなどして批判しました。続いて参議院選挙の結果についての7月12日付け常任幹部会声明に「ご意見を賜りたい」と記載されていたので、私は「選挙結果と共産党の再生を願って」という文書を貴方や小池晃書記局長などに郵送で差し上げましたが、ご返事がありませんでした。正直言って私は２０２１年の衆議院選挙結果、続く２０２２年参議院選挙の結果を見て「共産党は国政レベルでは存亡の危機にある」と感じています。そこで共産党の新生を願って私の考えている事を長い手紙形式でお届けすることにしました。お読みいただくにあたって、まず、少し私のことを紹介させてもらいます。

私は高校一年生の時に「60年安保闘争」に遭遇・参加して社会問題に目覚め、高校三年生の18歳になった時に日本共産党に入党しました。つまり党歴60年の「古参」党員です。1970年に開催された日本共産党の第11回党大会に代議員として参加し「70年代の遅くない時期に民主連合政府を」の呼びかけに大いに感動し励まされたものでした。

私は共産党の専従職員（当時の言葉で言うと職業革命家）として京都北地区委員会そして京都府委員会において常任委員を務め、本文の中で紹介しますように様々な闘いを行ってきました。しかし家庭の都合で専従職員を辞め、その後、いろいろな仕事をしてきました。その中で1997年以来今日まで、中国・ベトナム・モンゴル等アジア各国で国際協力事業に従事し「世界の中の日本」という視点を強く意識してきました。

しかし仕事と1級障害者の妻の介護に追われ「赤旗」は斜め読みする程度でした。ところが5年ほど前から居住地である京都の洛西ニュータウンにおいて共産党の単位後援会（200名余り）の会長に担ぎあげられるとともに、洛西ニュータウンを基盤とする洛西平和ネット（対象地域はより広いですがこちらも200名余り）の代表委員（3人）の1人も務めています。それで共産党の機関紙「赤旗」もきちんと読み、共産党を含めた日本の政治動向に目を向けるようになりました。また京都高齢者大学校（約1000名の受講者）幹事会の副代表として京都校・福知山校で時事問題を担当し、世界と日本の動向について年数回講義もしてきました。このような中で主体的客観的に共産党について目を向けてきました。

共産党は1970年代中期から陰りはじめ、1980年の第15回党大会以降、選挙ではその時々の政治情勢も反映し得票・議席は多少、上下してきましたが、党勢（党員・「赤旗」読者）は一貫して下降し、今ではピーク時と比べて党員は半分、「赤旗」は3分の1以下に減ってしまっています。そして2021年10月の総選挙、2022年7月の参議院選挙で、国政レベルでは極少数政党に落ち込んでしまいました。この事態に党員・党支持者のみならず日本の革新を願っている人々は憂いを抱いています。ここで新生しない限り日本共産党は将来、取るに足りない社会勢力になってしまいそうです。しかしそういうことは日本の将来にとっては、とてもよくない事と思っています。そこで私は日本共産党の新生を願って、党首である幹部会委員長の貴方宛てに手紙形式で直言を書かせてもらいました。どうか最後までお読みになり、私の意見を一つでも二つでも採用し新たな前進を図ってください。

私は日本ペンクラブ会員・日本ジャーナリスト会議会員でもあるジャーナリストです。ここでは日本共産党の「見解」「動向」について疑問のある問題についてはジャーナリストとして批判的見解も述べました。ただし私は執筆にあたって日本共産党に関する資料については、理論誌「前衛」ならびに機関紙「赤旗」などで公的に発表されているもの以外は使いませんでした。また「朝日新聞」など広く社会的に読まれ手に入る新聞・雑誌・単行本以外の物は使用しませんでした。そういう制約のある取材・執筆態度を取っていることをご理解ください。

２０２０年１月（厳密にいうと２０１９年年末）、中国の武漢で発生したコロナは、またたく間に中国全土そして世界中に広がりました。その後変異を繰り返しながら世界中で蔓延し、今や世界で６億３４２７万０５４６人の感染者数、そして６６０万７７６５人の死者を出すに至っています（昨年11月11日現在）。気候変動は地球各地で大規模災害をもたらすとともに、新たな感染症の発生をもたらす危険も予測されています。

２０２２年２月24日、核を保有する専制大国ロシアのプーチン大統領によって「核兵器の使用もある」との恫喝の下、ウクライナ侵略が開始されました。アメリカはこのロシアによる侵略に直接軍事介入することによって核戦争・第三次世界大戦になることをさけるために直ちに「直接的軍事行動は行わない」との声明を出し、直後は政治的抗議と経済制裁にとどめました（後に軍事物資支援に踏み切りました）。ロシアは抗議などものともしないし、経済制裁は折り込み済みでした。それどころか資源大国であるロシアは液化天然ガスや穀物の輸出制限などでヨーロッパをはじめ世界を揺さぶっています。そして中国はロシアのウクライナ侵略を横目で見ながら「台湾の武力解放も選択肢である」として台湾などに対して大規模な軍事演習を繰り返しています。こうして世界は明らかに新たな激動期に入っていますし、一部では「第三次世界大戦の危険」さえ言われはじめています。日本は黒船来航を契機とする明治維新の時期、第二次世界大戦敗北による「主権在民・平和の憲法」確立の時期とならんで、新たな国家戦略を持って臨む必要性に迫られています。ところがわが国でも世界においても、こうした新たな事態に立ち向かうべき勢力の一つである社会主義・共産主義者の運動・勢力はいまや風前の灯となっています。そこで私は、なぜそのようなことになっているかを探り打開の方向を示すため、２０２２年４月に『ポスト資本主義のためにマルクスを乗り越える』（かもがわ出版）を出版しました。

こうした中で２０２１年10月に衆議院選挙、２０２２年７月の参議院選挙が行われました。その結果は、自民党をはじめとする改憲志向の党が衆参両院において憲法改定発議に必要な３分の２の議席を占めるに至り、改憲が政治日程にのぼる危険が生じています。そして自公政権は矢継ぎ早に「核共有論」「敵基地攻撃論」「軍事予算２倍化」「憲法九条に自衛隊を明記する」などを打ち出しています。これらの動きにたいして確かな対抗勢力として活動してきた共産党は衆議院選挙で12から10名に、参議院で７名から４名に減らし国政レベルでは極少数政党になり、その存在意義そのものが問われる憂うべき状況にあります。

日本国民の多くは今のところ共産党に政権についてほしいとは思っていません。しかし相当数の人々は自公政権の暴走を止める役割は果たしてほしいと思っています。ところが「今、この肝心な時に共産党は自壊してしまうのではないか」「それでは日本は大変なことになってしまう」と危惧を抱き始めています。共産党が壊滅的状況になれば自公政権による反民主主義的政治再編が行われる危険があります。私をはじめ日本の進歩的変化を望んでいる多くの人々は共産党の後退を憂い、何とか新生してほしいと望んでいます。

１９７０年に開催された日本共産党の第11回党大会で共産党は「70年代の遅くない時期に民主連合政府を」と呼びかけ、社会進歩を願う多くの人々の心を躍らせました。「それが、なぜこのような事態になったのか」「どうしたら新生できるのか」を多くの人々が心配しています。

先の２０２２年7月10日投票の参議院選挙に敗北した時、共産党は7月12日付けで常任幹部会声明を出しました。そこでは近年の文書と同様に「政策が浸透したところでは支持と共感を得ましたが、党中央として躍進を保障する運動量、また党勢力を前回比まで戻す指導に至らず、残念な結果となりました」（著者による要旨）との見解を表明するにとどまっています。志位和夫委員長・貴方が幹部会委員長に就任して以来20年余り、国会議員数ならびに党員数が半分、「赤旗」読者数が3分の1以下になってきました。ところが、この長期後退にメスを入れ抜本的な改革に踏み出すことについては、まったく触れられませんでした。すなわち、この20年間の後退を生んだ志位委員長・貴方に対して、少なくない党員から、その責任を問いただし退陣を求めるとともに、他の党と同様に党首を全党員参加によって選出すべきとする要望・意見が出されていますが、まったく聞く耳持たずの対応を行って来られました。

しかしその「声明」の最後に「選挙結果や今後の改善策などについてご意見をお寄せください」と記されていました。「声明」のこの部分を読んだ人々は「共産党もやっと人の意見を聞く気になったか」「遅いが、良いことだ」と受け止め、私の周りでも相当多数の人々が共産党中央委員会に意見の手紙を送りました。

通常、そうした場合、続いて開催された第6回中央委員会総会において、「意見を寄せられた方は〇人、意見の特徴は①②③……。①②への回答はこう、③については今しばらく研究させていただきたい」と扱うものです。ところが6中総における志位委員長・貴方の報告では「寄せられた意見は、今後、一斉地方選に向けて生かしていきます」と述べるのみでした。その中で一つだけ意見を反映したものがありました。それは選挙直前に志位委員長・貴方が「自衛隊活用論」さらに「我が党が政権に入れば、自衛隊は合憲となります」との発言をめぐって対応した「結語」でした。そこでは何の根拠も示さず「(自衛隊活用論を述べたことによって) 国民の皆さんに安心していただけるのではないでしょうか」「それなら安心だという反応がたくさん生まれた……」との見解を語られました。しかし、党員・支持者・「憲法九条の会」の人々を驚かせ不安を抱かせ足を止めさせた最大の問題であるのは「我が党が政権に入れば自衛隊は合憲となります」という発言であったのに、これについては一言も触れられませんでした。これらの記事・発言を見て多くの人は「またか」と失望の念を抱きました。

第6回中央員会総会決定の後半に書かれている、当面する課題である統一教会問題、コロナ対策、不況を克服し国民生活を擁護し、憲法改悪に反対して平和を守る課題などは当然のことであり、選挙の敗北に打ちひしがれることなく闘わなければなりません。それによって「向こう3年間は選挙はない」という自公政権にとっての「黄金の3年」など吹っ飛ばし、岸田政権の退陣を迫る必要がありますし、できる可能性はあります。しかし政権側の「敵失」によって政治的に一時的に前進することはあっても、後で述べますように、党の在り方について抜本的改革を進めない限り、党勢の後退傾向はとどめられないでしょう。

ところが8月24日の「赤旗」において党建設委員会の名において「日本社会の根本的変革をめざす革命政党にふさわしい幹部政策とは何か」という論文が発表されました。このような党のあり方の根幹にかかわる問題を常任幹部会名でなく責任も権限も明らかでない党建設委員会の名によって発表されたことは異常であると言わざるを得ません。詳細は本文で述べますが、要するにこの論文では、①「確固たる路線の継承のために試され済みの幹部を大切にする」として、「今の路線と人事は変えません」と言われました。さらに、②「党首を全党員参加の選挙で選ぶようなことをすれば派閥がうまれ分裂の危険があるので行いません」と拒否の姿勢を明確にしました。これでは共産党は自己改革ができないことを内外に示したのも同然です。

そこで私は「共産党はなぜこのように長期低落状態になったのか」「その克服方向は何処にあるのか」という意見を志位委員長・貴方宛てに直言することにしました。このテーマで開かれた国民的討議を行い、事態を打開する一歩を踏み出さなければならないと思います。そのための討論素材として提起しました。異論・批判意見があって当然です。しかし今、このまま共産党を自壊させてはなりません。国民の平和・生活向上の願いのエネルギーを結集し、自公政権の暴走を止めるために確かな抵抗勢力として共産党に新生してほしいとの気持ちを込めて書きました。この古参党員の直言をお読みになり、どうか党の新生を図り確かな野党として成長させてください。

もくじ●志位和夫委員長への手紙——日本共産党の新生を願って

第一章

21年、22年の国政選挙で明らかになったこと

志位委員長

21年、22年の二つの国政選挙の結果、改憲志向政党が衆参両議院で改憲発議に必要な3分の2を超える議席を獲得し、「平和憲法制定」以来はじめて改憲が政治日程に上る危険性が生まれました。逆に戦後、時の政権の横暴阻止するために奮闘してきた共産党は衆議院で10名、参議院で4名、社民党は衆参ともに1名の当選者という、両党併せてもまったくの極少数政党になりました。

共産党・社民党をはじめとする平和愛好勢力がよほど効果的な改憲阻止の運動に成功しないと、この二つの選挙は「歴史的反動転換の分岐になった」と後世の歴史に書かれる危険があります。それどころか共産党の新生のためには、よほど抜本的な改革を行い国民の支持・党勢の回復が出来なければ国政レベルでは壊滅的後退を起こす危険があります。そこでまず二つの選挙結果についての評価・総括を明確にすることから始めます。それも時を置いてからではなく選挙結果が出た段階で記した文書を再掲することによってリアル感を出すことにしました。

ここでは全国的数字とともに、筆者が居住している京都のことも取り上げざるを得ないので、少しではありますが触れた事についてご了解ください。

1、2021年衆議院選挙の結果を受けて

（2021年11月4日執筆、7日に少し加筆）

２０２１年10月31日投票で衆議院選挙が行われました。多少かかわった人間として投票結果を受けて簡単なコメントをまとめてみました。材料が少ない下、時間的制約がある中での作業なので一面性を免れませんが今後の事も考え「なにかまとめておかないと」と思って書き、共産党の中央委員会のしかるべき幹部の人々にも郵送で送りました。

（1）政治目標と関わって

共産党中央委員会は今次選挙の獲得目標として、自公政権に対抗する野党共闘と市民連合による「政権交代」と、その推進役である「共産党の躍進・比例で８５０万票」を提起しました。

しかし選挙結果は、政権交代が成らなかっただけではなく、その中心となった立憲と推進役となった共産党は、議席が増えるどころか減らしました（立憲１１０→96、共産党12→10）。一方、野党共闘に入らなかった維新（11→41）と国民（8→11）は前進しました。

なお共産党は全政党のなかで唯一、比例区も小選挙区も共に得票を減らしました。小選挙区は４９９万８９３２票から２６４万８０１票、比例は４４０万４０８１票から４１６万６０７６票へと減少しました（獲得目標としては８５０万票が提起されていました）。

立憲は小選挙区では野党共闘による候補者の絞り込みもあって48から57に増えましたが、比例代表では62から39に減らし計110から96に減らしました。立憲にとって野党共闘は小選挙区制で議席を増やす明らかな効果がありました。もしも野党共闘がなければ立憲は小選挙区でも前進できず、もっと後退していたでしょう。ただ立憲は比例選挙で議席は減らしましたが、得票は1108万4890から1149万2088にすこし増やしており、先に示したように得票・議席ともに減らしたのは共産党だけでした。共闘問題以前に共産党自体に問題があり、深い分析が必要です。

結論的に言って今度の選挙は、立憲と共産党にとっては負けた選挙です。選挙の中で良かったことを上げることによって（それはあったし、伸ばせば良い）、負けたという事態を認めなければ、克服すべき深刻な事態を直視しないことになります。「方針は正しかったが、自力が足りなかった」とする言い方は、選挙総括ではありませんし、それでは何故、党勢が後退し続けているのかを掘り下げなければなりません。なお選挙情勢とは、彼我の力関係の冷静な分析も重要であり、主権者である国民の気分・感情・判断・要求に思いをよせ、党勢が後退している下で何を目標とするかを定めなければなりません。選挙前の状況から「政権交代」や「比例で850万票」が現実的目標になりえなかった事は結果を見るまでもなく明白でした。「着実な回復的前進」が目標であったはずです。

（2）情勢認識と関わって

選挙前のマスコミの事前世論調査において、総理にふさわしい人として岸田氏は40％台、枝野氏は10％台でした。つまり国民は自民党にお灸を据えたいと思っており、事実自民党は議席を15減らしましたが、政権交代までは望んでいませんでした。なぜ国民は野党連合に政権を託さなかったのか。細かいことは別にして次の二つのことは明確です。

①立憲の枝野氏は民主党政権の時の幹事長であり、東日本大地震・福島原発事故に対応出来ない事を国民にさらけ出していました。内外情勢が厳しい今、枝野氏は総理を託せる人物ではなく、立憲は政権を託せる政党ではないとの評価を受けたのです。立憲は野党共闘で候補者を一本化した小選挙区では議席を増やしましたが比例区の議席では後退し、全体として議席を減らしました。つまり立憲自体、選挙総括として「共産党との共闘云々」と否定的に言う前に、なぜ比例で議席を減らしたのかの総括が必要でしょう。

②共産党が関わった政権という構想は、近年の中国の横暴、北朝鮮の核弾道ミサイル実験などの行動があるなかで、国民の多くは拒絶することになりました。事実、自公などは「共産党が加わった政権で、日本を中国や北朝鮮のような国にしてはならない」「相手は立憲共産党だ」等の大規模な

反共攻撃を行っていて後半の選挙情勢を動かしていました。政権のあり方とかかわって大規模な反共攻撃が行われていたので、私は地元の後援会集会での挨拶で独自に反共反撃も行いました。しかし共産党の独自活動としては「赤旗号外」を含めて反共反撃は有権者規模で行われていませんでした。

沖縄で赤嶺氏が当選したことは立派ですが、沖縄全体では4議席から2議席に後退しました。昨年来地方議員の選挙でも後退していました。「オール沖縄」の動向も含めて、きちんとした分析が必要であると思います。

京都で言えば「絶好のチャンス」にも拘らず、日本共産党国対委員長の穀田恵二氏は自民党の新人候補に敗れたのみならず、維新の候補に薄氷の差にまで迫られました。本人ならびに中央の応援弁士の演説は「野党共闘の推進者」に終始し、地元京都一区に無くてはならない実績を持つ国会議員をアピールすることは極めて弱かった事が問題でした。

なお維新の都構想やIR構想は財界の意を受けたものですが、大阪において連続して伸びているのは、自民党以上に地元活動を行っていること、大阪の府・市行政を掌握していることによって「公立高校学費の無料化」など庶民の暮らしにかかわった施策をいくつか行っている実績があること、それを政見放送などでも具体的に紹介しているからであり、全国的にも期待を集めました。そしてこの間、地方議員を含めて若い行動力のある候補者を多数抱えています。なおあまり言われていませんが維新の活動には「吉本」や「電通」が大きく関わっており、宣伝戦略をはじめ大規模な戦略チームが存在しています。なぜ維新が増えたのかを「自民党への批判票の受け皿になった」だけにとどめず、もっと具体的に分析し対策をたてなければならないと思います。現在大阪府議会の定数は109名ですが、議席は与党である維新は47、少数野党である自民党は16、共産党はもはやたったの2名となっています。なぜ維新がここまで増え、共産党が壊滅的になったかは、全党的な問題であり、ここまで放置してきた共産党中央の責任も問われるべきです。

自民党菅政権の最後の時期の支持率は31％まで下がり、到底選挙を闘える状況ではありませんでした。そこで自民党は総裁選挙に打って出ました。連日マスコミ上で4人の候補者の「争い」を取り上げ、総裁選後には岸田政権の支持率は50％になりましたが、総選挙が始まる段階では41％となり、文字通り元の31％まで引きずり降ろせるかが勝負でした。しかし、政権交代を掲げたことの是非に加え、それを実現できる地力が立憲にも共産党にもありませんでした。選挙直前の政党支持率で自民党は38・6％、立憲民主も共産党も政党支持率は低迷していて立憲で6・1％、共産党は2・7％、両党合わせても9％に満たず、自民党の4分の1以下でした。

ところで今回の衆議院選挙はある意味では争点なき選挙でした。いずれの党も多少の違いはあるにせよコロナ対策と給付金の支給を政策のメインとし、国民的にはほとんど区別が付きませんでした。重大であるにもかかわらず野党側からも憲法問題は争点にされませんでした。あえて争点と言えば「自公政権の継続か野党連合が推す立憲中心の政権か」でしたが、この点では国民的には支持を得られなかったのは先に書いた通りです。なお気候変動やジェンダーは重要な課題ですが、冷静に見て今回の選挙において国民的争点になるまでには至りませんでした。

(3) 今後の展望

階層が分かれ要求が多様な日本においては、一つの政党が国民の多数の支持を獲得できることは難しいです。したがって政権交代を実現しようとすると、野党の政党合併か、野党連合しかありません。共産党は解党しませんから野党連合しかありません。しかし後で記しますが、野党連合はそれを構成する政党の党員の帰属意識・政策的確信を弱めます。現在、その代償を払ってまで野党共闘を行う時点なのかどうかという政治判断が求められます。現時点で国民は共産党が関わった政権交代は望んでいませんでした。自民党は野党共闘もあって小選挙区では議席を減らしましたが比例選挙での得票、議席とも増やしています。

なお今回、野党連合の下、小選挙区で共産党の候補者が野党の唯1人の候補者になった30の選挙区で当選したところは一つもありませんでした。枝野氏をはじめとする立憲の幹部・候補者は、野党と市民の20項目政策協定にもづいて、共産党を閣外協力とする立憲を中心とした政権構想、選挙協力の三点セットについて有権者の前で切々と訴える姿はほとんどありませんでした。それどころか演説会や街頭演説で共産党の幹部や議員と同席することさえほとんどありませんでした。そうであれば、立憲の当選のために立候補を見送り小選挙区で得票を半減させるなどの代償を払ってまで野党連合・立憲推薦を追求する段階ではなく、独自の政策・活動を追求し国民の中で地力を付け対等平等で統一して誠実に闘える所へ持って行く段階であると考えられます。野党共闘一般の是非ではありません。現在の情勢で今回のような共闘の形が共産党にとって良かったかどうかです。結果的にそうではなかったことは明白でした。

今回の選挙で本来、共産党が自分をアピールすべきことは以下のようなことであったと考えられます。

「山椒は小粒でもピリッと辛い。共産党はまだ小さいですが自民党の横暴を追及しストップさせるために頑張っています。今度の選挙で1議席でも2議席でも増やさせてください。貴方とご家族で1票でも、2票でも共産党に入れていただいて共産党の票を増やしてください。それが自民党の横暴を少しでも和らげる力になります」

野党共闘は現時点では小選挙区で共闘すれば勝利の可能性のある選挙区において、対等・平等・同数、誠実に相互支援する選挙協力に限定するべきです。「自民党の議席を1議席でも2議席でも減らすために、この選挙区では立憲、隣の選挙区では共産党の候補者を勝たせてください」ということではないでしょうか。「共産党もかかわった政権交代」は、訴えれば訴えるほど保守系無党派層などが警戒感を高め、離れて行ったのが実態ではなかったのでしょうか。また「政権交代と比例で850万票の獲得目標」は政治の革新を願う多くの人から「そんな非現実的目標、どうすれば出来るのか」と、闘う前に意欲後退の要因になったのではないでしょうか。

選挙結果が出た時点で田村副委員長がマスコミのインタビューを受けました。その内容がツイッターに投稿されました。ここで記者が、「『桜を見る会』問題を追及し大きな話題をよんでおられた貴方を追いかけていましたが、「桜を見る会」問題はほとんど触れられませんでしたが、何故でしたか」と聞いたのに対して、田村氏は、「政権交代が起こると思っていました。それであれば、あえて取り上げなくとも解決するので、言う必要性はないと思っていました」「しかし政権交代を言えば言うほど、有権者は離れて行く感じがしました」（筆者要旨）と語られました。しかしこの報道はあくる日のツイッターから消えていました。「政権交代」を訴えていた弁士のなかには、閣外協力ではなく、あたかも共産党が参加した「政権交代」を打ち立てるような上滑りした演説を行う人々もいました。

いずれにしても「共産党と共闘して議席を減らした」枝野氏は辞任します。立憲の党首選挙では「共産党との共闘」が争点になると考えられます。野党共闘は共産党にとっては大義はあったものの議席と得票には結び付きませんでした。一方、立憲にとっては先に記したように小選挙区で議席を増やす力となりました。野党共闘で当選した議員を中心に共闘発展で頑張ってもらいたいと思いますが、党首選挙が終われば、枝野氏に続いて福山哲朗氏も辞めることを明確にしている下では安住淳氏も辞めざるを得なくなるのではないでしょうか。仮に共闘派が党首になれば反対派は出ていく可能性が大きく結果として立憲の分裂も考えられます。共産党としては他党の動向に振り回されず自力を強める活動に力を入れるべきでしょう（その後に行われた立憲の党首選挙では、どちらかと言うと「中立的」な泉健太氏が党首に選ばれました）。

共産党は今回の敗北についてきちんと総括するとともに、なによりも、この方針を進め敗れ後退した指導部が責任を明確にしなければなりません。権限には責任が伴います。勝っても負けても責任は問われないというのは社会常識とは違います。「方針は間違っていなかった。一定の成果はあった」「わが党は辞任するという態度は取らない」「代わる人物は居ない」などという態度は取るべきでないでしょう。なおマスコミ報道によると志位氏など指導部の人は「わが党は方針が間違っていたのでなければ、下りたりしない」などと言ったとされますがそれは本当ですか。そんな方針は何処で決めましたか、それが方針だとすれば余りにも不遜で無責任だと思います。

一度（今回）の選挙だけに敗れたのではありません。前回の選挙でも議席を半減（22から12）させたのをはじめ、何年にも渡って選挙に負けてきたのです。党勢がジリ貧になっても21年間も同じ人物が党首にいるということは国民の常識的判断と違います。そのような態度は党を辞めていく人、未活動党員を増やすだけです。なお自民党・立憲・維新の会などは党首選挙を全党員の参加で行っています。全党員参加による党首選挙を行っていない共産党の姿は異常であり、その改善を含めて党の改革を進めなければならないのです。自民党は選挙の直前に総裁選挙を行うことによって党員の帰属意識を高めました。大きく前進した維新は、この選挙の後の党大会で松井一郎氏が「一つの節目として次の人に引継ぎ、党の更新を図る」とするとともに「今回の選挙結果を下に全国政党へ発展するために、人事の刷新をはかる」と表明しています（その後、実際、松井一郎氏は退任し全党員参加の党首選挙が行われ馬場伸幸氏が選出されました）。共産党もこの程度の改革は行わなければならないでしょう。

ここであれこれ改革の多くのことは触れませんが、党員・支持者・国民から見て「共産党は変わろうとしている」と思ってもらえるきっかけを作らなければならないでしょう。臨時党大会を開催して、志位委員長は下り、党首は他の党と同様に全党員参加の選挙で選ぶ。中央役員と国会議員予定候補者の半分は40代・50代にする。そして女性を半分にする。党勢の実態に比して巨大になりすぎ屋上屋を重ねている常任幹部会は無くす。中央役員・幹部会員は半分に減らし、節約できた人件費で遅配や薄給に苦しんでいる地区委員会や県委員会の専従職員の手当を引き上げる等が求められます。それ以外の根本問題は別途触れることにします。

憲法問題は今回の選挙で立憲そして共産党からも争点化の努力が足りませんでした。選挙の結果、改憲志向の党の議席が国会での憲法改正発議に必要な3分の2を超えることになりました。また気候変動の危機は一刻の猶予も無い事態となっています。国民的反撃・共同の取り組みが急がれています。選挙に負けたからと言って、闘い続けることをあいまいにしてはならないだろうし、野党共闘の帰趨に関わらず憲法問題など多様な課題での共闘を追求し続けなければならないでしょう。

来年7月には参議院選挙が行われます。安倍・麻生・甘利に担がれた岸田首相ですが、国民のおかれた状況から「新しい資本主義」を主張し、国民生活改善を言わざるを得なくなり、選挙後ただちに生活給付金や大学発ベンチャー支援等で動き出しました。

いずれにしても衆議院選挙で終わりではありません。衆参連続した選挙です。反撃の狼煙を上げなければならないでしょう。そのためにも党員・支持者・国民が得心する総括と人事の刷新が必要です。そのためにも中央で総括を決定する前に、党内外の人が自由に意見を出せる場所を保障しなければなりません。時間がないので、取りあえずここまでとしますが、最初に記したように、この文書は共産党の中央のしかるべき複数の幹部に郵送しました。

2、2022年の参議院選挙の結果を受けて

（この文書は参議院選挙（7月10日投開票）直後の2022年7月12日午前10時にフェイスブックに投稿したもので、選挙結果について意見を求めている共産党中央委員会志位和夫幹部会委員長ならびに京都府委員会渡辺和俊委員長にも郵送しました。）

今回の選挙（2022年7月10日投票）は戦争か平和か、生活破壊か擁護かが問われる選挙でした。ところが最終盤の7月8日に、奈良市で街頭演説を行っていた安倍晋三元首相が銃で撃たれ殺されるという、あってはならないテロが行われました。※ 選挙は主権在民の民主主義政治制度の根幹をなすものであり、これを暴力で否定し奪うことはいかなる理由があろうと許されません。今後、この種のテロ行為が起こらないように民主主義擁護の世論を強めるとともに、警備体制に問題はなかったかの検証と改善が望まれます。同時に警備強化を理由とした民主主義抑圧を許してはなりません。また安倍氏の死去という事態をとらえてマスコミでは「安倍氏礼賛」のキャンペーンが大々的に展開されています。「遺志を受け継ぐ」という形で憲法改正への動きも強められようとしていますが、国民は冷静に判断・対応しなければならないでしょう。

※その後、この事件は政治的意図を持ったテロではなく、母親が統一教会に入り全財産を奪われ家庭崩壊に陥れられた人の怨念に基づくものであることが明らかになりました。併せて安倍晋三氏の祖父

である岸信介以来自民党が統一教会を利用・癒着してきたことが暴露され大きな政治問題となり、我が国の政治・政党の在り方が問われる問題として厳しく追及されることになってきました。

（1）選挙結果

政権与党の自民党が議席を53から63へ増やし単独でも過半数を獲得しました。公明党は14から13へと1議席減らしましたが、政権与党としては安定過半数を獲得しました。

自民党をさらに右へ引っ張る維新が衆議院選挙に続いて6名から12名へと倍化させました。今回の選挙で選挙区ではかろうじて維新4に対して立憲が10と上回りましたが、比例代表では維新が得票でも議席でも立憲を抜き野党第一党となり新しい危険な政治状況をつくりました（比例区は維新8名、得票784万5985票、立憲は7名、677万1913票）。

その結果、衆参ともに改憲勢力が3分の2議席を超え、改憲問題が現実的政治日程に上りました。

自民党政権への対抗勢力をアピールしていた立憲は23名から17名へと6席減らしました。最大の要因は、野党共闘が不十分に終わり32の1名区において10選挙区しか候補者統一が成立せず自民党が28議席を独占したことです。野党共闘側が勝利したのは、長野（立憲）、新潟（立憲）、沖縄（無所属）の3選挙区にとどまりました。自民党は野党共闘不発に漁夫の利を得たし、野党側は今後とも野党共闘を追求しなければならないでしょう。併せて問題の根源である小選挙区制撤廃を長いスタンスで持続的に国民運動として追求しなければなりません[※]。

※戦後何回も小選挙区制が出された時には共産党を含め野党は国民的闘争を展開しました。しかし成立して以降、その撤廃のための闘いはほとんど提起もされてきませんでした。大正から昭和にかけて長い年月をかけて普通選挙を目指して闘われ実現しました。小選挙区制撤廃の闘いを民主主義実現の根本的闘いとして永く持続的に闘う必要があります。

立憲から別れた国民民主は、自公政権への接近を打ち出しましたが議席を7議席から5議席へ減らし、その在り方が問われることになりました。

社会主義的思考を示してきた社民党はなんとか福島党首の1議席を維持し、政党要件の得票率2％を上回る2・37％を確保し踏みとどまりました。

（2）共産党の選挙結果

共産党は議席を前回の7議席から4議席に、得票は比例区で前回の448万票から361万票になりました。選挙区では前回は野党共闘が進み共産党は1名区では候補者を1名にとどめていましたが、今回は野党共闘が進まず、また比例への票起こしもあって20選挙区で擁立したので選挙区得票の前回との比較は意味はありません。選挙区の議席では前回、東京、埼玉、京都で獲得しましたが今回は東京だけになりました。なお神奈川は4名区ですが、今回は補選もあり5名区となりました。しかし当選には至りませんでした。そして2名区の京都は長年2位、3位争いをしてきましたが、今回は4位となる歴史的敗北をしました。共産党は後退的傾向にあるだけではなく国政レベルではその存在意義が問われるところまで来ていると言わざるを得ません。

選挙の活動がどうであったかは党中央でなければ分からないので省かざるを得ません。ただ最終盤の7月5日付けの「常任幹部会声明」を見るかぎり「法定1号ビラ配布が77・8%」など通常では考えられない活動低下状況であったことは明らかでした。京都においても7月6日付で党府委員会名のアピールが出されました。そこでは「支持拡大は、目標の5割にも届いていません」とその活動の遅れを指摘するのみならず、党員などから他党への支持の動きがあることを示唆する「維新を通さないためにもう一人の野党をなど、とんでもありません」との記述が見られました。これは前代未聞のことです。奮起を促すことはあっても党員らが他党の支持に動いていることをつかみ、それを止めようとしているアピールなど初めてのことでした。私は京都における共産党の単位後援会としては最大規模（200名余り）の会長に担ぎ上げられており、我が家で役員会を定例的に開催しています。そして京都選挙区の候補者である武山彩子氏の出身地として「武山さいこさんを国会へ送り出す会」（いわゆる個人後援会）結成にも協力しました。党員や後援会員の皆さんの努力で地元境谷小学校で行われた個人演説会は久々に200名を超える230名あまりが参加しました。私は選挙を支える寄付においても共産党中央と京都府委員会に多少まとまった寄付をしてきました。ベトナムにおける枯葉剤被害二世三世障害者支援など国際的な仕事をしながら共産党の躍進のために、わずかですが活動してきました。志位和夫幹部会委員長が来京し演説した烏丸四条や京都駅前の街頭演説にも参加しましたが、私が見る限り3年前の選挙と比べて、その半分にも満たない聴衆だったので選挙結果について危ない予測をせざるを得ませんでしたが、不幸にして私の予測は当たってしまいました。

京都選挙区で歴史上初めて4位に甘んじただけではなく3位の維新の候補者（25万7852票）の半分程度の得票（13万260票）という考えられない後退になりました。7月6日の府委員会アピールが予測した以上に何万人単位で党員や支持者が反維新のために立憲の現職福山哲郎氏の支持に回ったと推察されます。昨年の衆議院選挙において京都では6つの選挙区のうち2つの選挙区で独自候補を擁立しませんでした。当然党員や支持者は相対的にましな党に投票するという行動をしていたと推察されます。今回、それらの人を含めて何万人単位の党員や支持者が反維新のために福山氏に投票したとしても不思議ではありません。衆議院選挙時に候補者を擁立しなかった時点にまで遡って分析総括する必要があると考えられます。

ここまで書いた時、今日7月11日夜に共産党京都府委員会主催で開催された参議院選挙報告集会における渡辺和俊委員長の報告要旨が届きました。先に書いたように7月6日の府委員会アピールでは「維新を通さないためにもう一人の野党をなど、とんでもありません」との記述がありました。ところがこの渡辺氏の報告要旨では何時のこととは記載されていませんが、この間、知事選挙や衆議院選挙で野党共闘前進のためにともに力を尽くした石田紀郎氏などの市民有志による「京都の議席を自民・維新で分け合う最悪の事態を避けるために」という声明が出され、「自民と維新が2議席を占める事態は避けるべき」と訴えられたことに触れていました。文意から判断すると渡辺委員長は面談したものと推測されます。渡辺委員長の報告文書要旨には「私たちとしてはあくまでもたけやまさんへの投票を呼びかけ続けることは当然としても、この声明は一つの見識を示されたものと考えます」と記載されています。これでは何万人単位で党員や支持者が立憲の福山哲朗氏の当選に動いても不思議ではなく、選挙最終版の府委員会アピールの「とんでもない」との記述とは明確に矛盾します。このようなわけのわからない対応は間違いです。自民党・維新に2議席を独占させないために立憲の福山氏を押すことはありえます。それなら「とんでもない」などのアピールを出したのは間違いであり、福山氏にも「自民と維新に2議席独占を許さないために、党員や党支持者があなたにも投票します」と伝えておく必要がありました。そうでなければ報告要旨に書かれている「福山哲郎氏が、野党の代表として、今回の府民の審判の意を組み、国会で活躍されることを期待するものです」は生きません。

こうしたことを含めて、今度こそ党中央も京都府委員会も責任をともなう謙虚な反省と総括を示す必要があります。

同じく、今日11日に開催された常任幹部会の「参議院選挙の結果について」という文書が手に入りました。明日12日の「赤旗」に掲載されるのでしょう。私が多分そうだろうと予測していたように、この10年来の選挙結果文書と同じでした。「選挙戦での日本共産党の政策的訴えは、国民の願いに立脚したものであり、自民・公明・維新など平和と暮らしを壊す翼賛勢力を追い詰め、訴えが伝わったところでは共感が広がりました」としています。そして「……たいへん残念な結果となりました。こうした結果になったことにたいして責任を深く痛感しています。常任幹部会の指導責任として一つは、勝利に必要な規模の運動を広げきる上でイニシアチブを十分に果たせなかった。もう一つは党員拡大、赤旗読者拡大で前回参議院選挙時の回復・突破を目標としたが、その立ち遅れを打開できていませんでした」というものでした。

何時を分岐点にするかはさておき、共産党は近年、次第に後退してきたことは明らかであり、個々の選挙の取り組みの総括にとどまらない根源的な問題があることは明確なのであって、その解明こそが求められているのです。このような十年一日の総括文書で済ませるのは、余りにも事態の深刻さを自覚しない無責任な態度と言わざるを得ません。

多くの人は忘れているかもしれませんが、21世紀に入る直前の１９９８年の参議院選挙の比例の得票は819万（得票率14・6％）でした。志位氏が幹部会委員長に就任したのは2000年の第22回党大会でした。最近の選挙では2016年が601万（10・74％）、2019年が448万（8・95％）、そして今回が361万（6・82％）です。

毎回の選挙総括で出される「政策は正しく、共感は広がったが、運動量が足りず地力がなかった」で済ませられる問題ではなく、なぜこの20年来後退してきたのかを解明しなければなりません。今が正念場です。今から新生への一歩へ進まない限り、3年後の参議院選挙では一層の高齢化もあり壊滅的後退は避けられないと推測されます。

（3）共産党のどこに問題があるのか

共産党は1922年にコミンテルン（国際共産党）の日本支部として創立されて以来、昨年で100年、反戦・平和・独立・民主・生活向上のために闘ってきたことは多くの国民が認めています。にも関わらず、その得票率は最大時でも14・6％、そして今回は6・82％です。政党は政治の在り方を決める政権をめぐって闘う組織です。しかし現在の共産党の得票・議席数は政権を争う状況ではないことは明確であるだけではなく、国政レベルでは限界に近い後退状況にあると思います。

創立以来100年かかってなぜこのような状況なのか。個々の論点をあげればきりがありませんが、国民が違和感を感じる根本的な問題として以下の3点があげられるでしょう。新生を期するために国民からの意見・疑問・提案に謙虚に耳を傾け新生の努力を図らなければならないでしょう。詳しくは拙著『ポスト資本主義のために、マルクスを乗り越える』（かもがわ出版）を参照してください。

※この参議院選挙の結果の文書では以下の三点について詳しく論じましたが、一冊の本にまとめて執筆するにあたって、それは最後の第八章「共産党の新生を願って」の改革提案に書きましたので、ここでは項目だけを記載しておきます。

○歴史的限界のあるマルクス流の共産主義を根本目標に掲げている。

○自由闊達な討議に基づく多数決制が定着しておらず、少数意見の尊重がなされていない。

○党首を全党員選挙で選ぶという市民社会の常識に基づく運営が行われていない。

総括と改革を急ぎながらも直ちに悪政に反対する国会内外での闘いをすすめましょう。

選挙の結果が確定した7月11日、岸田首相は日本記者クラブ主催の合同記者会見において直ちに進める6つの課題を述べました。

①引き続いて広がっているコロナ対策。②ロシアのウクライナ侵略ともかかわって年内に「新安全保障戦略」の確定。NATOにおいて国際約束した軍事費の2倍化にかかわっての質問にたいし

て、確保すべき装備・予算・財源の三点セットでの検討。③国際的に広がっている物価対策。④エネルギーの安定供給確保。⑤新しい資本主義。賃金の引き上げ、それを保証する経済活力の向上のための人材育成。⑥結党以来の党是である憲法の改正。直ちに審議に入りたいが、憲法改正一般論ではなく、何を書き込むのかでの合意を進める。

これについては政権与党である自民党と公明党の間でも合意はないし、ましてや国民との間では合意はありません。この点を突いた闘いが必要でしょう。いずれにしてもきちんとした総括と党の改革を進めるとともに、直ちに国会内外での闘いを進めなければならないでしょう。

取り急ぎ書きました。多くの人の討論参加を求めますし、意見を求めた党中央委員会や党府委員会の誠実な対応を求めます。「新生を願って」については改めて別途、全面展開します。

第二章

安全保障政策に関する覚悟を決めた議論を

志位委員長

政権交代を目指す野党連合への参加に向けて、安全保障（安保・自衛隊）政策について国民と真摯に向き合い、覚悟を決めた議論を起こすべきではないでしょうか。

1、共産党の主張の変遷

志位委員長・貴方は共産党の打ち出しに「ぶれない共産党」「首尾一貫した共産党」という言葉を良く使われます。しかし世の中は変わっていきますから、それに応じて変化するのは当然で変わらない方がおかしいし、実際共産党も政策を何回か変えてきています。その一つとして自衛隊政策・安全保障政策がありますし、今も政策問題で共産党がもっとも問われている問題の一つです。

①戦後、社会党、共産党は日本の平和を求めて闘ってきましたが、社会党は非武装中立を唱え、共産党は長い間、中立自衛と言ってきました。

一方、１９７３年の第12回党大会では、自衛隊は憲法違反・米軍指揮下（対米従属）・国民弾圧の三つの特徴を持つ組織として縮小・解散するとの政策・方針を決定しました。それでは攻められた場合はどうするのかという疑問に答えなければならず、共産党は、いかなる国にも自衛権はあるとの見地から「将来は憲法をかえて自衛のための軍隊を持てるようにすべき」だとも主張していました。

しかし他方で、日本国憲法の平和主義が国民の中に定着する中で「憲法違反の自衛隊の縮小・廃止」を強調するようになってきました。最近の党大会だけでも以下のように変えてきましたね。

②1994年の第20回党大会において「自衛隊の解散を要求する」とともに「急迫不正の主権侵害にさいしては、警察力や自主的自警組織など憲法九条と矛盾しない自衛措置を取ることが基本である」としましたが、自主的自警組織についての具体的内容を示しませんでした。この時期は社会党が自民党、さきがけとともに連合政権を組み、村山富市党首が首相の座についていて、自衛隊違憲論を自衛隊合憲論に変えた時期であり、共産党は「自衛隊合憲論は堕落」と激しく批判していました。

③1997年の第21回党大会では綱領では引き続き「自衛隊解散」を明記しながらも決議では「ただちに実行できる方策ではない」として「段階的に自衛隊を解消していく」としました。

④2000年の第22回党大会では「九条改悪に反対することは、自衛隊合憲論に立つ人々も自衛隊違憲論に立つ人々も、共同しうることである」として、自衛隊の海外派遣阻止を自衛隊問題の中心課題としました。そして改めて「憲法九条の完全実施の方向で段階的に（自衛隊の）解消することをめざすが……急迫不正の主権侵害、大規模災害など、必要にせまられた場合には、存在してい

る自衛隊を国民のために活用する」と活用論を一言述べました。それに対して大会前の意見集約で、「憲法九条の完全実施と言いながら、自衛隊の活用と言うのはおかしい」という意見が相当出ていました。

⑤それから4年後の2004年1月の第23回大会において憲法九条擁護を打ち出しました。「憲法九条を擁護することは、我が国の恒久平和の進路を確保するうえで重要であるだけではなく、米国による一国覇権主義を許さない世界をつくる……」と打ち出し「自衛隊活用論」は後退しました。そして2004年6月10日、井上ひさし、梅原毅、大江健三郎、奥平康弘、小田実、加藤周一、沢地久枝、鶴見俊輔、三木睦子など9名によって「九条の会」が呼びかけられました。それからわずか1年で全国に3000以上の「九条の会」が結成され、2011年段階で全国の市町村の津々浦々に7500を超える組織が結成され、共産党員もその組織を支えて活動していました。そのため共産党中央も「活用論」を唱えることなく、ほとんどの党員は「活用論」を念頭においていませんでした。

ところが2022年2月24日、ロシアがウクライナへの侵略を開始し、日本国内でも安全保障に関する議論が高まりました。その中で、

⑥2022年4月7日、参議院選挙勝利・全国決起集会において志位委員長・貴方は「急迫不正の侵害に際しては自衛隊を活用します」と明言しました。これに対して党内からも党外からも「憲

法違反で解消を目指す」と言っていたのになぜ活用論を言うのかと批判・疑問が寄せられました。それに対して志位委員長・貴方はマスコミや他党からの疑問・批判に答える形で「活用論は、22年前の２０００年の第22回党大会で決めています。よく勉強してからものを言ってください」と反論されました。しかし前記のように２００４年以来「九条の会」運動の広がりもあって共産党は「活用論」についてまともに宣伝も党内徹底もしてこなかったし、党員の大部分も認知していませんでした。

⑦２０２２年5月18日「朝日新聞」のインタビューに答えて、志位委員長・貴方はこともあろうに「我が党が入った政権が出来れば（自衛隊は）合憲である」と答え党員・党支持者・九条の会の関係者に驚き・不安・批判を招きました。

この重大な発言のもとになったのは２０１７年10月に安倍首相との党首会談において述べたことを踏襲したものでした。しかし当時、この方針は27回党大会はおろか中央委員会総会、そして幹部会でさえ議論されていません。安倍首相との党首会談の前の常任幹部会だけで論議したのですね。私は、緊急やむを得ない場合にそうした措置が取られることもありうると思います。しかしその場合、次回の党大会などで事後承認を取る必要があります。けれども、次の28回党大会でそのような対応をとったことを報告し了承をとるという手続きはされなかったどころか、この党大会では引き続き「自衛隊違憲論、段階的解消論」が確認されました。

この「共産党が政権に入れば自衛隊は合憲」とする志位委員長・貴方の発言は共産党員・党支持者・九条を守る会の人々を驚かせ疑問を広げました。「共産党が野党であれば自衛隊は違憲といい、政権につけば合憲とはどういうことか」「自衛隊は米軍の指揮下にあるが米軍との関係はどうなるのか、まさか米軍まで認める訳ではないだろうなあ?」など様々な疑問を生み、参議院選挙にあたって、多くの党員の足を止めることになった事は先にみたとおりです。2022年参議院選は改憲か護憲かを最大の争点にして闘われていました。共産党や立憲などの野党連合が多数を獲得し、政権を獲得する見通しなど無かったことは明白です。その選挙で志位委員長・貴方は「(共産党が)政権に入れば(自衛隊は)合憲」と言ったのですから、まったく時節にはずれた主張であり、疑問・不安が生まれ批判されるのは当然でした。

志位委員長・貴方はなぜそんなことを言われたのですか。貴方の弁明を読んだり聞いていると「急迫不正の場合に自衛隊を活用する」と言ったが、それに対して自民党などから「自衛隊は違憲と言っておきながら、自衛隊を活用するとの提案は、あまりにもご都合主義だ」との批判が上がったために苦肉の策として述べたと思いますが、そうですね。しかしこれは党員や党支持者の足を止めたし、他党支持者の票を取ることにもならなったことは明白でした。そして実際のところ、参議院選挙中の演説において志位委員長・貴方をはじめとする共産党の幹部は誰一人として「合憲論」をそして「活用論」さえ語らず「平和外交」一本やりの演説に終始していました。

2、侵略する危険より、侵略される危険が急浮上

①そもそも憲法9条と自衛隊が相いれないことは、小学生の高学年の子供が読んでもわかることです。したがって憲法規定に合わせて自衛隊を解消するか、自衛隊の存在を認め憲法を改定するかどちらかしかありません。手立てとして即解散ができないために段階的に解消する、その過程で急迫不正の事態が生じた場合には「憲法解釈は保留し警察・海上保安隊とともに自衛隊にも反撃してもらうという活用論」（以前から言われていた「違憲・合法論」）は成り立ちますが、「共産党が政権に入れば合憲とする」という論は、それと次元の異なる問題であり到底、党員・党支持者から、そして他党支持者からも認められる論ではありません。政権論の枠内での小手先の論では無理なのです。

もしも言うなら、例として「憲法制定時の世界と日本を取り巻く情勢が根本的に変りました。日本がアメリカと一緒に戦争に出かける危険よりも、中国やロシアが日本に侵略してくる危険の方が現実的になりましたので、※自衛隊を「非核・専守防衛を原則とする国防軍に改組することを憲法上明記する」というなら一つの論として成り立ちます。しかしその場合は当然のことですが、国民投票に先立つ国会内外での国民的議論において、明確にそうした主張をすることが必要です。志位委

員長・貴方はそのようなことを本気で考え国民に訴えるのですか。党内外できちんと説明する責任があります。

※北海道において、ほんの一部の人々によって「アイヌ自治区を認めるべきである」という意見に基づく運動が行われています。これを受けてロシアでは「アイヌはロシア帝国の先住民族の一つであり、樺太・北海道・千島に先住していたという論が出されています。そして第二次世界大戦末期、スターリンは「北海道の北半分をソビエトに渡せ」と要求しましたが、アメリカのトルーマン大統領が拒否しました。現在地球温暖化もあって北極海航路が現実味を帯びてきています。そうするとグリーンランドと北海道の地政学的位置は一気に高まり、ロシアにおいて「北海道を手に入れたい」との欲望が高まっていく可能性があります。

ところで志位委員長・貴方を含めて共産党の指導者の皆さんは、中国やロシアが攻めてきたとき「自衛隊を活用する」程度のことで済むと思っているのですか。他国を攻めるということは、その動機の良し悪しは別にして目的があって国家の命運をかけて行うものです。今回のロシアのウクライナ侵略、日本の満州（中国東北地方）侵略もそうですが、ウクライナ、満州を我が物にするという目的で侵略するのですから、現地において抵抗があっても目的が達成するまで行います。日本は尖閣は沖縄（日本）のものだと言ってきましたが、中国は「台湾は中国のものであり、台湾統一のためには武力解放もありうる」と明言しています。また中国は「尖閣諸島は台湾のものであり中国のものである」と言ってきました。また近年では共産党直轄の外交専門誌である「環球時報」などで「沖縄の帰属は決まっていない」「もともと沖縄は中国の朝貢国であったものを薩摩・明治政府が武力で奪い併合したものである」との論調も展開しています。そして台湾統一を邪魔するものとして沖縄の米軍があるとしています。つまり中国が台湾の武力統一に動くときは尖閣を含む沖縄、そこにいる米軍との闘いも想定せざるを得ないのです。中国は今やＧＤＰにおいて日本の４・５倍、軍人数において自衛隊の26万人に対し２００万人います。その中国が台湾（尖閣）武力統一に動いたとき「自衛隊を活用する」程度で済む問題でないことは明白です。日米安保条約第５条による米軍の出動を想定しなければなりません。自衛隊を活用するということは米軍の出動と一体です。志位委員長・貴方もそれぐらいの事は分かっていると思います。しかし「それを言ったらお終いよ」の言葉通り、かつての社会党と同じ立場に立つことになります。だから貴方は村山富市氏のように「安保容認・自衛隊容認」を国民・党員の印象に残るように分かるように明言していません。

②ここで大切なことは、政権につくということは日本の領土・主権と国民の命を守ることが第一義的任務であるということです。その場合、戦後長く言われてきたアメリカが行う戦争に日本が巻き込まれる危険より、今や中国が台湾（沖縄）を攻める危険の方がずっと現実的な危険となっていることです。先に書きましたように中国の侵略的軍事行動にたいして、警察・海上保安庁だけで止

めることは不可能です。そして中国軍２００万人にたいして自衛隊26万人という現実を考えれば、日米安保条約に基づく米軍の出動ぬきに中国軍の行動に対応できないでしょう。したがって純軍事論的にいえば、政権に就こうとする限り「安保容認・米軍の出動要請、自衛隊合憲・活用の立場」に立たざるを得ません。それは日本共産党が戦後一貫して、そして綱領で規定している「安保破棄・自衛隊解散」の主張と根本的に異なりますが、現実をリアルに見て考えればそうなります。そうすると党大会で綱領と安全保障政策を１８０度変えなければなりません。志位委員長・貴方は「政権に入れば云々」との小手先ではなく党大会を開催し、こうした見地を明確に述べて党員にも国民にも提案・言明しなければならないことになります。しかし現在、日本共産党を構成している人の多くは１９６０年代70年代に入党した人々です。「自分の人生は日米安保破棄・独立、自衛隊違憲・解散で闘ってきた」と自負を持っています。そうした人は、党大会で「日米安保容認・米軍出動要請、自衛隊合憲・活用とするために憲法改正を提案する」という方針に対しては、反対するか、「勝手にしてください」と離党するか、黙って党籍だけ残し何もしなくなるかの対応をとるでしょう。事実私の周りの立派な党員の方には、あなたの最近の発言からその危険性を感じ「党歴50年、毎月欠かさず党費を納めて来たことを人生の勲章とするので党員として死にたいが、安保容認・米軍出動要請、自衛隊容認・活用と言われるなら、自分は何もせずそっと党籍だけ残したい」と真面目に語っている方がいます。そしてそのような道を進まれるなら社会党と同じく共産党自体の分裂・改変に進む危険があります。

こういう方針の根本的転換は、躍進していてリーダーが全党の絶対的信頼を得ている時しかできません。宮本顕治氏は党が躍進し絶対的なリーダーであったから、それまで多くの党員が「革命」と言う言葉で考えていた「暴力革命」ではなく、議会を通じての革命を提唱し、レーニンの相対化を図ることができました。しかし志位委員長・貴方は2000年に幹部会委員長に就任以来党勢力を半減させ全党の信頼を失い「もう辞めるべきだ」との声が大きいですから、今の時期に「日米安保容認・米軍出動要請、自衛隊合憲・活用」を提案できることは無いでしょう。せいぜい責任を取って辞めるにあたって「現在までの方針では、到底政権につけないし、国土と国民を守れない、このような方向で改革してもらいたい」と新たな指導部に託するしかないでしょう。そうでなければあいまいに「党としては違憲・解消」「党が入った政権としては合憲・活用」という訳の分からないことを言い続けるしかないでしょう。それは共産党の支持を急速に失う道になります。

3、軍事論・憲法論だけでなく考える

同時に考える必要があるのは、こうした一見妥当な軍事論・憲法論だけで良いのだろうかという

ことです。もっときちんと考える必要があります。

（1）この問題の前提

①野党共闘・連合政権論と関わっては前記したように、一つは安保容認・自衛隊合憲の立場を明確にしなければ政権共闘の成立は難しいでしょう。共産党としては「違憲・解消」「共産党が入った政府としては合憲」という立場は、志位氏が防衛大臣に就任した場合、自衛隊幹部に対する演説では「自衛隊は合憲です。急迫不正の場合は命を賭けて主権と国民の命を守ってください」と言っておきながら、あくる日の反戦・平和集会では「我が党は自衛隊違憲論で解消を目指します」などの演説を行うということであり、国民から大きな批判を浴び大臣を辞めなければならないし、連合政権から離れなければならないでしょう。

もう一つは「安保容認・自衛隊合憲」に立つとしても、志位委員長・貴方は「現状よりの改悪は認めません」と言う立場を表明されますか。しかし現実には情勢は変わるものです。内閣決定で言うところの「国の存立基盤が失われる危険」などの攻撃の水準は今から予測できず、自衛隊の規模拡大や装備拡充もあり得るし、米軍の派遣部隊規模や使用場所についても変わらざるを得ません。「それを認めるのか、認めないのか」という問題が生じます。軍事論にたって自衛隊合憲・活用論や安保容認・米軍出動を認めるにしても、こうした問題が生まれます。志位委員長・貴方を含む共産党の指導部は、こうした問題が生ずることは分かっておられると思いますが、そのようには言われません。それでは党員そして国民を欺くことになります。もっと国民そして党員と真摯に向き合わなければなりません。

その一方で、共産党は戦前・戦後、「反戦・平和」を党是とし、その闘いを誇りにしてきました。そして対米従属打破を他党と根本的に異なる戦略目標としてきました。それを投げ捨てていいのですか。ロシアのウクライナ侵略、中国の覇権主義的軍事行動の展開を前にしても　国民の4割近い人が憲法改悪に反対していますし、環境問題等を理由に憲法の改定に同調的な人を含めて憲法9条2項を改訂し自衛隊を明記することについて5割を超える人が同意していません。そこには第二次世界大戦による310万人を超える死者、沖縄戦で県民の4分の1が亡くなったこと、広島・長崎の原爆投下で一瞬にして20万人を超える人が殺されたことなどの国民的体験があります。この重い現実を踏まえて安全保障議論を深めるべきであり、政権論の枠内で一時の思い付きであれこれ発言することについては慎まなければならないと思います。

②まず考えなければならないことは、どうしたら中国に軍事行動を起こさせないかです。その第一はロシアのウクライナ侵略を失敗させることです。そうすればロシアも中国も他国への侵略に慎重にならざるを得ません。しかし日本においてアメリカのベトナム侵略反対行動に比較しても、

まったく規模の小さな行動しか起こっていません。

志位委員長・貴方は現在の状況をどう見ておられますか。共産党は今、何よりもロシアのウクライナ侵略反対の大衆運動を抜本的に改善することに力を入れなければならないと思いますが、いかがですか。ところで中国はロシアのウクライナ侵略に対して国連での抗議決議に棄権しましたが、ロシアが要請する軍事支援に対しては慎重に対応してきました。しかしロシアから大量の石油を輸入するなど経済的には支え反米という点では一致しています。先日、アメリカのペロシ下院議長の台湾訪問に対して中国は台湾侵略の模擬演習のような軍事行動を行いました。日本ではペロシ下院議長の行動が中国を挑発し中国の行動を引き起こしたなどの論もみられます。しかし今回の中国の行動はペロシ下院議長の訪問が決まってから準備できるような規模ではありませんでした。陸・海・空・ミサイルの四軍共同行動で中国建国以来最大規模の軍事演習を行い、台湾を武力解放するために東側からも含めて6方面から攻め込む体制を作った演習であり相当前から準備した演習でした。ペロシ下院議長の訪台を中国は軍事行動の口実としただけです。ロシアはウクライナに侵略する前、ベラルーシとの共同軍事演習という名目で16万人もの規模の軍事演習をウクライナとの国境線の近くで行っていました。その部隊を使って3方面からウクライナへの軍事侵略を開始しました。ロシアが、そして中国がどう言っているかではなく、どのように行動しているかを直視しなければなりません。中国の台湾武力解放の本気度を深く考えなければならないでしょう。

しかし我々は「攻められたらどうする」かよりも先に、まずは「どうしたら攻められないか」を考え工夫しなければなりません。

（2）軍事力以外の多様な抑止力に関する提言

まずは軍事論以外の多様な抑止力の構築を工夫する模索が必要です。

①政治戦

いかなる理由があろうと武力に訴えて現状を変更することは許さないという国際的世論の合意を図ること。国連改革を含めて国際世論の系統的形成が重要です。その際、

A、志位委員長・貴方も述べられているように、バイデン流の「専制主義か民主主義か」の選択ではなく、いかなる国も他国を侵略してはならず、いかなる国の主権も擁護されなくてはならないとの立場で世界の団結を図る必要があります。

B、日本外交は欧米中心でやってきました。しかし国連加盟国の圧倒的多数は発展途上国です。この発展途上国が核兵器禁止条約などの力になってきました。大国に蹂躙され植民地にされてきた国々です。これらの国々とも協力して国連改革をすすめなければなりません。そしてどんどん減っている国連などの国際機関職員の日本人を大幅に増員し国際貢献に務めるべきです。しかし共産党

そのものも、海外の「赤旗」特派員を大幅に減らし、発展途上国にはほとんどいないという状況で、「赤旗」の国際欄は基本的に通信社からの配信に頼っており、政府の外交政策に対置できる情報を収集できる状況にはなっていません。特派員の拡充とともに海外在住の党員・支持者からの通信をもっと組織するべきでしょう

②経済戦

A、中国はロシアと違って経済大国です。だが全生産の25％程度を輸出しています。貿易立国と言っている日本は9％程度、アメリカは6％程度。また国際決済における人民元の比率は10％以下です。経済制裁・金融制裁はロシア以上に効果があります。

B、「誰が中国人を食べさせるのか」という言葉があるように、中国はいまや資源・食料輸入大国です。資源・食料大国であるロシアのような耐久力はありません。オーストラリアが中国に対して「コロナの発生源を調べる必要がある」と言ったのに反発して、中国はオーストラリアからの石炭の輸入を止めました。ところが石炭不足で停電さわぎになり事実上、輸入禁止を止めてしまいました。中国が戦争行為を行った場合、国際的連携で中国への資源・食料供給を止めることになる警告を行うことは効果があります。これには資源・食料大国であるアメリカ、カナダ、ブラジル、オーストラリア、南アメリカ、（ウクライナ）、アフリカ諸国の団結が鍵です。中国などの侵略行為にたいして、それを行えば「世界は結束して金融・経済制裁を行いますよ」との国際的結束を系統的に準備しな

ければなりません。

③情報戦

情報戦が重要なことは今回のロシアのウクライナ侵略戦争で改めて明らかになりました。色々考えられますが一つだけ例を挙げます。中国国内での反戦・非戦・厭戦の世論づくりです。中でも兵隊に行く世代の若者とその親を重点的に対象にします。中国の若者は一人っ子政策の小皇子で両親、両方の祖父母、6人の下で過保護に育っています。軍隊での待遇をめぐって抗議に来るのも母親たちです。ここに戦争の実態を含めて徹底的に情報が伝わるようにして、反戦・非戦・少なくとも厭戦の世論・動きを作ることに力を入れるべきです。プーチン大統領がウクライナ侵略がうまくいかなくなった9月末、予備役の徴兵を行いました。それに対して全国で反戦・徴兵拒否の抗議行動が起こっただけではなく、数十万人単位で国外逃亡が起こりました。戦争が長引けば長引くほどこの動きが強まるでしょう。

日本の組織や個人が持っている中国人のEメール番号を提供しあうと同時に、戦争の動きが出れば中国にたいして一斉に反戦平和の情報を共有するように発信し反戦・厭戦・逃亡の動きを作っていくことを戦略的に進める必要があります。

④人事戦

ウクライナからの難民問題は報道されていますが、実は徴兵拒否・逃亡の動きの前からロシアから数十万人規模の人々が海外に脱出してきました。脱出する人々は英語とパソコンが使え専門知識を持っていて海外でも働けるエリート層です。それは今後のロシアにとって決定的なダメージになっていくでしょう。そのロシアと比べて中国からアメリカ・日本を含めた先進国へ留学した人の数は比べ物にならないぐらい多いです。彼ら彼女らは外の世界を知っています。中国が戦争をはじめ国内言論を今以上に抑圧すれば脱出に踏み切る人が相当出るでしょう。ナチスが侵略を開始しユダヤ人に対して弾圧を開始した時、優秀な人々がアメリカなどに脱出しました。もしも中国が侵略の軍事行動を行う兆候がでれば、国際的に連携し中国人への就職勧誘・好条件移民政策を大々的に進めるべきでしょう。

(3) 日本の新しい国造りに関する提言

先に記したことは国際的共同行動の視点で進めるべきですが、日本国のあり方とかかわって例えば3つのことを進めることが大切です。

①国際的医療機関を確立し、体制の如何にかかわらず世界の著名人への最先端医療を施すことです。自国の病院では助からない、治らない病気でも日本に行けば助かる治る国際的な最先端病院を

主要都市に作ってはどうでしょうか。最先端医療技術、24時間営業、英語を含めた多言語対応、VIPのための病室、近隣における家族などが長期滞在できるホテル設置などを行うのです。現在の日本にはこのような病院はありませんが主要都市に設置し、日本へのミサイル攻撃などが出来ないようにするのです。

私はこうした構想を30年ぐらい前から持っていました。この必要性を確信したのは、モンゴルにおいて国際協力事業を行っている時、モンゴル国立病院における重要な業務が難しい治療を要する患者を他国の先進病院に紹介することであることを見聞したからです。しかし残念ながら現在の日本の医療水準ではできないでしょう。コロナが世界的に大流行しはじめてから既に3年を経過しましたが、日本では未だにコロナワクチンは出来ていません。コロナが世界的に流行し始めた時、アメリカ政府はコロナワクチン開発補助金として1兆円を組みました。日本政府はその100分の1の100億円でした。アメリカ・イギリスはあっという間にワクチン開発に成功し、日本は断念し輸入にのみ依存してきました。続いてロシア・中国・インドが開発に成功しました。薬は基礎研究、高い技術力を必要とするもので、少ない原料で高い付加価値を持っていて、資源の少ない日本が育てるべき産業ですが、残念ながら日本は薬輸入大国です。そしてこれらの産業の基礎となるべき基礎研究・大学院博士課程修了者などの人材育成で日本は大きく立ち遅れ、世界的地位は後退し続けてきました。自然科学分野で世界的に引用される論文数で中国はアメリカを抜きました。日本は中国・アメリカ・イギリス・ドイツ・フランスの後を行っています。高等教育において今や日本は低学歴社会となっています。日本の大学では大学院に進学するものは例外となっており、大半は学部卒で社会に出ています。しかも就職の青田刈りで三年次修了で就活に没頭し事実上3年制が定着しています。ヨーロッパの大学は基本的に6年制ですし、アメリカでは専門家とは博士課程修了が最低条件となっています。基礎科学・大学院博士課程の充実を国家戦略として進めなければ日本の立ち遅れは変わらず、世界の医療センターとなり国に安全を図る国などにはなれないでしょう。

科学技術振興機構（JST）研究開発戦略センターの辻真博フェローの調査では、国・地域別の新型コロナ関連の日本からの研究論文数は、2020年は1379本で16位、21年は3551本で14位、22年（5月時点）は1600本で12位と報じています。

②休耕田を活用しコメなどの穀物を植え、自給率を高めると同時に、北朝鮮をはじめとする食料困難国にたいして無償支援を行い、日本へのテロなどを行いにくくするべきです。

この構想も30年以上前から持っていましたが、残念ながら日本の国策は逆さまに進んできました。グローバリゼーションの国際分業の名の下に自動車・電気などの特定産業の輸出を優先し、「非効率な」食料や資源は輸入に頼るという国策の下、ますます食料・資源の自給率は下がってきました。しかしコロナの世界的流行によりグローバリゼーションは一気に逆流し世界の交易が大幅に後退する中、ロシアによるウクライナ侵略が起こり世界的に食料・資源の暴騰が起こり、日本を含めて食料・資源を輸入に頼っていた国々は大きな打撃を受けています。いまこそ食料・資源の可能な限りの自給体制を確立しなければなりません。

ここで余り知られていないことを記します。日本において資源開発の重要な分野は大陸棚です。東シナ海における日本と中国の中間線において中国は中間線の中国側ギリギリおいて石油の採掘を行っており、日本は「中国はストローのように日本の資源を取り出しているだろう」などと非難しています。しかし問題は日本側大陸棚において資源採取を行う技術者がいないことです。文部科学省が新たな学部・学科の設置を認めていない分野に「鉱山（資源採掘）」があります。理由は「もはや日本には採算の合う鉱脈はない」というものです。日本は海洋大国（大陸棚を含む）でこの開発が資源獲得の最大の課題です。しかし日本では東大理学部などが自然科学として海洋資源の探索をしていますが、それを商業ベースで進める海洋資源開発の研究・人材育成する学部・学科は存在しません。それにもかかわらず、文部科学省は古臭い鉱山論に固執して新たな学部・学科の設置を認めていません。中国ではこの分野を専門的に研究し人材を育てている大学が４つあります。共産党はこうした分野にも目を向け「国家百年の計」に立って積極的政策を打ち出していく必要があります。

なお政府は自動車や電気製品の輸出のために農産物や資源の輸入自由化を進め、育成政策を放棄してきましたが、その電気製品分野では基礎研究や高度人材育成を怠ってきたために完全に中国に敗れつつあります。そして自動車産業でも従来型のガソリン車の成功に胡坐をかいてきたために電気自動車やＡＩを使った自動運転において立ち遅れ、世界における自動車産業分野において急速にその地位を失いつつあります。共産党は働く人たちが直面している雇用・労働条件・賃金などの問題だけではなく、こうした国家戦略、国家のあり方にかかわる問題で斬新な政策を積極的に打ち出す必要があります。

同じような問題に航空機・宇宙開発、ＩＴ開発の問題があります。これからの最先端科学技術の一つとして航空機・宇宙開発があります。日本では未だに大陸間横断ジェット機の市場製品を作れていません（アメリカ、イギリス、ＥＵ、ロシア、中国は保持）。また先日、月面着陸の断念が発表されました。日本ではほとんど知られていませんが中国には北京航空航天大学という大学がありま す。私は何回か訪問し見学したこともあります。この大学は航空機ならびにロケットをはじめとする宇宙開発の専門研究と専門技術者を養成する大学です。飛行機ならびにロケットの製造工場さらには専用の飛行場・ロケット発射場を持っています。そして中国独自の宇宙センター建設を支えています。残念ながら日本にはこのような大学はありません。

ＩＴ分野において日本はかつてＩＣチップの生産において世界の半数近くのシェアーを持っていましたが、今では韓国・中国・台湾に抜かれ10％にも満たず完全に出遅れています。ところでインド人はゼロを発見するなど数学的才能の豊かな人々が多く、現在のインドは世界有数のＩＴ人材を有する国です。インド工科大学はＩＴ技術者を養成する世界トップの大学として知られていますが、実は一つの大学ではないのです。アメリカが出資した（アメリカ）インド工科大学、同じくイギリスが投資した（イギリス）インド工科大学、フランスが投資した（フランス）インド工科大学、ドイツが投資した（ドイツ）インド工科大学という4つの大学があります。先進国で投資していないのは日本だけです。アメリカ、イギリス、フランス、ドイツはこれらの大学で養成された研究者・技術者を自国に迎え入れ、ＩＴの研究と生産に活用しています。またこれらの大学を卒業しインド国内でＩＴ関係の企業を立ち上げたところへ、プログラム開発などの発注システムを構築しています。日本はこうした国際的な人材育成・連携に全く立ち遅れています。

要するに長期的視野で国家戦略をもって、次世代の研究開発、産業振興、研究者・技術者育成を進めていないことが根本的弱点となっているのです。志位委員長・貴方はこうした分野にも目を向け日本の発展を図る積極政策を掲げて活動すべきだと思いますが、どうお考えですか。

③原発の廃止、自然エネルギーの組み合わせによる地域循環型電力供給システムの確立を進めることが大切です。

原発が事故を起こせばどうなるかは福島原発事故で明らかになりました。原発に対してテロを含めた軍事攻撃が行われても日本は壊滅的な打撃を被ります。原発を今のまま残しておいて、自衛隊を少しぐらい増やしても防衛になりません。日本の安全保障としても原発を廃止すべきです。

自然エネルギー＝太陽光発電として捉えられる傾向がありましたが、これは天候に左右される不安定さがあります。太陽光、風力、地熱、潮力、水力などの自然エネルギーを地域の特性を生かし、総合的に進めるべきです。また現在のように広域・大型システムでは空中放電による非能率、事故やテロに遭遇した場合、広域・大規模停電となります。そのため小規模・小地域で循環型発電システムを確立し事故があった場合は相互提供するシステムを確立する必要があります。

これらは一例です。要は発想を変え攻めにくい国をどうして創るかの英知を結集するのが大事だということです。

志位委員長・貴方の議論を見聞きしていると単純な軍事論に基づく安全保障議論、それも自衛隊政策に限定されていて安保・米軍論がぬけていると思います。それよりも問題なのは、根本的欠陥として私がここで紹介したような攻められにくい国づくりをどうするかが全くないことです。党内外の専門家の意見を聞く場所を持たれれば、たくさんの知恵が出ると思います。再考をお願いします。

（4）現時点での焦点

日本が外国から攻められないようにするための現時点の焦点は、先に記しましたようにロシアのウクライナ侵略を失敗させることです。

今まで見てきましたように、日本が中国軍やロシア軍に攻められた場合、例え警察・海上保安庁・自衛隊が反撃しアメリカ軍が支援行動に動き、追い出すことに成功しても、長期戦ならびに多大な犠牲を伴うことになることはウクライナの事態を見れば明瞭です。中国軍やロシア軍に攻めさせない（侵略させない）事が決定的で、そのための現時点の焦点はロシアのウクライナ侵略を失敗させることです。そうすれば一旦、ロシアも中国も北海道や台湾・尖閣列島（沖縄県）への攻撃ができなくなります。ここが現在の焦点です。

ところで志位委員長・貴方は日本におけるロシアのウクライナ侵略反対の取り組みの現状をどう見ておられますか。１９６０年代中期から１９７０年代中期のベトナム反戦運動と比較すれば余りにも小さな規模になっています。我が国においてロシアのウクライナ侵略に「賛成」している勢力・人はほとんどいません。したがって「ロシアのウクライナ侵略に反対と言っている、書いている」程度ではなく、どう行動しているかが問われています。

志位委員長・貴方は「社会主義革命は先進国からが大道」との主張ともかかわって、ヨーロッパに代表団を派遣すると発表されました。人もお金も存分にあるならそれもしたらよいでしょう。しかし現在の共産党が海外に代表団を派遣するならウクライナと、そこからの難民が何百万人単位でいるポーランドなどの国々ではありませんか。連帯の意思を示し、現状を調査し日本政府や民主勢力として何ができるを国民に示すべきではありませんか。私が言うまでもなく既に公明党は調査団を派遣し政府に対して提言を提出しています。ウクライナではなくフランスなどに代表団を派遣するなどピントがずれていると思います。志位委員長・貴方の周りには私が言う程度の意見を述べる政治感覚がある人はいないのですか。それとももう誰も貴方に直言する人がいない体制になってしまっているのですか。なお一言付言すると、共産党が今回派遣したヨーロッパの諸党はいずれもマルクス主義を放棄しています。共産党が交流する相手については、マルクス主義の堅持・放棄は考慮する問題では無いのですね。

　日本はウクライナに対して武器以外の緊急に求められている医療機器や薬剤・食料・仮設住宅などを送ったり、医療従事者が直接近隣諸国へ行き支援することも重要です。日本が難民を受け入れても遠く離れており、言葉の問題もあり日本への難民を希望する人は限定されています。それよりもウクライナの難民が多数いるポーランドやモルドバなどの近隣諸国へ仮設住宅・医療機器・薬品・食料・発電機などの物的支援を行い、併せて医療従事者の派遣を大規模に進める必要があります。ベトナム戦争時、労働組合として「給与の1％を送ろう」という運動があり、国鉄労働者は機関車を送る取り組みをしました。また京都の宗教者はベトナム仏教徒を支援する宗教者の会（代表者は清水寺の大西良慶師、事務局長は聖護院門跡の宮城泰年師）をつくり、北爆の最中に７００万円を届けていました。京都民医連の吉祥院病院の医師・看護師はレントゲン車を送っています。要するにいかなる国の侵略に対しても国際連帯で、それぞれの国、団体、個人にやれる支援活動をすることによって侵略を失敗させることが、今後の侵略を止める力・安全保障体制になるのです。

4、それでも侵略された場合の問題

それでも侵略された場合、私は単純な答えは無いと考えますが、志位委員長・貴方はどう考えられますか。選択として考えられることは次のことです。

①自衛隊や米軍の出動にとどまらず官民挙げて武器を持って戦う

現代の戦争は、その目的がどうであれ。いったん開始されたら目的が達成するまで続けようとするもので日本の中国侵略（15年）、アメリカのベトナム戦争（10年）、アフガン・イラク戦争（20年）もそうでした。今回のロシアのウクライナ戦争も簡単に終わりそうにはありません。中国が台湾・尖閣（沖縄）に侵攻する場合、ロシアが北海道に攻める場合もそうでしょう。

かつてのベトナムや現在のウクライナのように、自衛隊の反撃、米軍の出動と併せて全国民が戦わなければ追い出すなどできません。そのためには外国からの強力な武器支援がなければだめです。そして何よりも全国民が武器を持って闘うという覚悟が必要です。ウクライナでは16歳から60歳までの男性は国外脱出は認められず国防の任に付くことを義務付けられています。戦後80年近く平和な国で過ごしてきた日本人がそのような覚悟を持って臨むことは容易ではありません

②インドのガンジーや南アメリカのマンデラのように非暴力・非服従で闘う

インドはイギリスから遠かったので、圧倒的に多いインド人の非服従を抑えきるだけの大量の兵隊を送ることは困難でした。南アフリカ政府の人種隔離政策を最後まで支持する国はありませんでした。併せてロシアがウクライナ侵略の占領地で行っていること、中国がウイグルやチベットで行っていること、そして日本軍が植民地化した朝鮮半島や、中国、東南アジアの占領地域でおなっていたことを想起する必要があります。略奪・強姦、問答無用の殺人・破壊、日本語や神道の強要、強制労働、同じようなことが現在ロシアのウクライナ占領地域で行われています。非暴力・非服従は簡単なことではありません。本当に耐えられるのでしょうか。

③ナチスに攻められたヨーロッパの国民の一部のようにレジスタンスで闘う

ヨーロッパの一部の国は降伏しましたが、国民の一部はレジスタンスを行いました。しかし最後

はソ連の多大な犠牲の上での圧倒的軍事力で東側からナチスドイツを打ち破ったところへ、西側からアメリカ軍が上陸しナチスドイツ軍を敗北させたのです。レジスタンスは道義的シンボルでしたがナチス軍を打ち破る力はありませんでした。ソ連軍がナチス軍を破った東欧は、ソ連の衛星国にされ長く苦しむことになりました。ベトナム戦争でも同様でした。南ベトナム解放戦線のゲリラ活動はアメリカ軍に精神的恐怖感を与えましたが、戦争の最後的勝利は北ベトナムの正規軍による突入でした。それは戦後、北による南の支配となりました。

以上示したいずれの選択も容易ならざる事であることは明白です。「警察・海上保安庁そして自衛隊を活用し反撃する」だけの議論で、解決するような単純な問題ではなく、国民一人一人の生活の在り方、生き方とかかわった長期の深刻な問題です。安易な軍事論や法解釈論で済む話ではありません。この問題を考えるにあたって、志位委員長・貴方は、もっと真剣に国民と真摯に向かい合って覚悟を決めて多角的に議論する必要があると思いますが、いかがですか。

ウクライナ問題にみられるように今日米軍が核大国の中国の台湾侵略に対して直接の軍事行動を行うかどうかは、はなはだ心もとない状況です。しかしいずれの道を選ぼうが日本国民に多大な犠牲を生むことになります。このようなことは共産党の指導部がかってに答えを出して国民に押し付ける問題ではありません。国民的議論をよびかけて臨まなければならない問題です。志位委員長・

貴方はホーチミンが「独立と自由ほど尊いものはない」と「抗米救国の闘い」を呼びかけたように、そして現在のウクライナのゼレンスキー大統領が行っているように、国民に「犠牲もいとわず闘おう」と呼びかける覚悟が出来ていますか。志位委員長・貴方は6中総の結語において「攻められた場合は自衛隊を活用すると言うことで国民に安心していただけるのではないでしょうか。『それなら安心だ』との反応がたくさん生まれたことも、全国から報告されました」などと述べました。私は、この箇所を聞き、読んだとき、「この人は。なんと物事を深く考えられなく、自分の論理のその場限りの合理化・詭弁しかできない人であるか」と思いました。

まったく性格も規模も違うささやかな闘いでしたが、大学紛争時、私は立命館大学の学生の責任者として、全共闘を名乗る集団による「大学解体」を叫びながらの残虐極まりない暴力的攻撃に対して闘わざるを得ませんでした。1万人規模の抗議集会をバネに1000人規模の防衛隊を組織し（何回も補充しながら）血みどろの闘いを半年間闘いました。その時、延べ1200名に及ぶ負傷者が出ました。私はそれらの負傷者に対する責任の重さを感じ、何年も心の奥深くに傷を負いました。私はベトナムを何十回と訪ねています。サイゴン（現ホーチミン）郊外のツチトンネル（ベトナム側ゲリラが逃げ隠れしたトンネル）を何回も見学しました。入り口は体の小さなベトナム人は這って入れますが、身体の大きなアメリカ兵は入れない小さなトンネルとなっています。奥に入っていくと

２メートルぐらいの高さになっていて、食堂・寝室・病院などがある何キロものトンネルとなっています。最初のころ私は、なんと創意工夫されたトンネルであり、ここを起点にして戦っていたベトナム兵の勇気に感嘆しました。しかし何回か訪ねるうちに疑問が出てきました。「このようなトンネルで昼間暮らし、夜になると出かけてアメリカ軍基地に夜襲を仕掛け、生き延びれば戻ってくるという生活をしていれば精神疾患に陥らないだろうか」と言う事です。

　私は大学紛争時、私たちが拠点としていた建物にバリケードを築き毎晩の投石や火炎瓶に耐え地下室で寝泊まりしていました。１９６９年３月18日深夜、その日の当直責任者である私が寝ていた時、バリケードの隙間から投げ込まれた火炎瓶で火だるまになったことがあります。冬用の厚いオーバーを来ていたこともありますが、たまたま近くに起きていた人がおり消火器で消火してくれたので、オーバーは消火剤で真っ白になり髪の毛はチリチリになりましたが、大きな火傷をせず助かりました。しかし当時、同様の緊張感・不安感で何人もの人が精神疾患に陥りました。そのため私は何人もの人を夜中に精神病院の措置入院に運び込んだことがあります。そうした経験があったので親しくなったベトナム人幹部に、そのこと聞いたのです。そうすると「そうです。たくさんの人が精神疾患になりました。正確にはわかりませんが戦死した人は約２００万人、精神疾患に陥った人は、それよりはるかに多いと推定されています。戦後のベトナムにおいて枯葉剤被害※と並ぶ深刻な後遺症の一つです」と答えられました。ベトナム戦争やアフガン・イラク戦争に参加したアメリカ兵にも同様の事が起こりました。おそらく現在のロシア兵そしてウクライナ兵においても起こっていると推察されます。戦争というのはそういうものなのです。

※アメリカ軍が散布した猛毒ダイオキシン入りの枯葉剤を浴びた人は約400万人と言われていますが、戦争が終わってからおよそ50年弱が過ぎた今、加齢もあって約100万人が亡くなっており、現在では枯葉剤を浴びた人は約300万人と推定されています。現在ベトナム政府が枯葉剤が原因と考えられると認定している障害者が約100万人います。私は2000年以来、二世・三世の枯葉剤被害障害青年のための支援の取り組みを行ってきました。そして現在はこれらの障害者青年が農業を通じて社会参加・自立できるようにするプログラムをJICAの協力を得て進めています。

アメリカではその後、社会学者たちによってベトナム戦争帰還兵のPTSD（心的外傷性ストレス障害）を患う実態について調査されてきて、1990年段階の調査によると、その数、70万人に達すると報告されています（大月書店『歴史総合の授業』184頁）。その中では、①既婚者の38％が帰還後6か月以内に離婚、②帰還兵全員の離婚率は90％。③帰還兵全員の40～60％が恒常的な情緒適応障害を持つ、④復員兵のための社会復帰プログラムを修了した帰還兵の100人に2・5人が自殺、帰還兵の事故死と自殺は年間に約1万4000人、⑤5万8000余の戦死者に加え、戦後15万人以上の自殺者、⑥50万人の帰還兵が法的処罰により逮捕投獄され、なお推定10万人が監獄で服役中、20万人が仮出獄中、⑦麻薬・アルコール依存症が50～75％、⑧帰還兵の失業率40％、

25%が年収7000ドル以下（単身所得者による貧困水準以下）と記述されています。

ツチトンネルには日本の平和愛好勢力の人々が見学に訪れていますが、そこから少し離れた場所に大きな慰霊堂があります。そこへは日本人はほとんど訪れていません。正面の入り口側を別にして3面にネームプレートのようなものが壁にびっしり貼られています。このツチ地域で亡くなった人々の氏名、生まれた日と亡くなった日、軍の階級が記載された簡単なものです。その数5万数千名です。私はこの慰霊堂に何回か足を運んだことがありますが、その人々の声が聞こえてくるようで圧倒されました。ある時、ガイドの人が、この名前が私の祖父ですと語られた時には応えようがありませんでした。

志位委員長、私は貴方に「自衛隊の活用」など軽々しく言ってほしくありません。国民とともに、ありとあらゆる知恵を絞って侵略させない工夫をしなければなりません。それでも侵略された場合は一人の国民として命を賭して闘う覚悟を固めて、上記のような多大な犠牲を伴う闘いを長期に渡って行うことを踏まえなければならず、今から、どの方式が良いなどと簡単に答えがある問題ではありません。

当面、野党連合政権ができる可能はありませんし、出来たとしても共産党に「入ってほしい」との要望が出される可能性も低いでしょう。そうした下で共産党は「憲法9条擁護」「戦争反対」の闘いに徹し、地力を付け戦線と党勢を拡大することに務めるべきでしょう。そうして力を蓄えれば野党連合ができた時に入ってほしいとの世論も形成されるでしょう。それまで誰が党首であれ、小手先の方策をあれこれ思い付きで発言すべきではないと思います。

第三章

多数決制の定着と党首公選を求める

志位委員長

党運営の在り方について、多数決制を定着させ、党首を全党員参加の選挙で選んだ方が良いのではありませんか。

先の参議院選挙総括で記しましたが、8月12日の常任幹部会声明で「ご意見をお寄せください」と記しながら、志位委員長・貴方は6中総では「ご意見は一斉地方選挙に生かせてもらいます」と述べるだけで、全国から寄せられた意見に答えませんでした。そして8月24日の「赤旗」において党建設委員会の名で論文を公表し、多くの党員から意見が出ている党首公選について、「全党員による党首選挙を行えば、分派が生まれ党に分裂の危険が起こるので行いません」と改革を否定しました。現在、党員・支持者・国民から共産党に対する疑問の焦点は政治・政策では、先に述べた安全保障政策でしょう。もう一つは、党のありかた、つまり組織運営についての疑問だと思われます。

日本共産党に入党して初めて地区党会議などに参加した多くの人が違和感を感じるのは（もちろん感じない人もいます）、議案の採決が満場一致であること、役員の選挙では立候補者がおらず、地区委員会が推薦した人だけが候補者名簿に出され信任されている事です。志位委員長・貴方が所属されていた東大の学生党組織は東京都委員会の直属党組織でしたから地区党会議には参加されず直接、都党会議に参加されていたのだと思います。そこで議案が「満場一致」で採択され、役員や代議員選挙が都委員会からの推薦された人しかいないことに違和感を感じませんでしたか。

1、満場一致をよしとし、多数決制を定着させなかった問題

志位委員長・貴方は「科学的社会主義の立場に立って議論をすれば真理に行く付く」言われています。その言い方をすれば決定は真理であり、それ以外の論は間違いということになりますが、本当にそう思っておられますか。

①政策は「真理」ではなく相対的選択です。

私は1978年以来、共産党京都府委員会の常任委員で政策委員会責任者や自治体部長の仕事をしていましたが、その時、政策は「真理」ではなく相対的選択であることに気が付きました。

例えば、行政に対して生活保護の支給基準をどのように求めるのか。党員と支持者の中の貧困者の状況・割合、財政事情、他の政策との整合性、他党の政策との関係などを勘案して決めます。国会や地方自治体議会での採決にあたっては、党はまとまって行動しなければなりませんから相対多数で決めることになります。当然反対・納得できない人がいますが、多数決で決定して議会に臨むわけです。その場合、少数意見についても、どのような理由で反対したのか、数はいくらだったか

を記録しておかなければなりません。それから一定期間がたった時点では党の構成、財政事情、他の政策との整合性、他党の主張などが変化しており、元の少数派の案が復活するかも知れません。

共産党はみずからを労働者階級の党であり国民の党であると言ってます。その対象の幅広さから言って、党員間でも利害が異なる場合があります。例えば国民年金のあまりの低さから「食べられる年金」とともに「年金の一元化」が主張される場合があります。しかし「一元化」をしようとすると厚生年金や共済年金の人々からは反対の声が上がります。なぜなら生涯掛金額が余りにも違うからです。したがって国会で年金制度の改定案が提出されたとき、たとえ共産党員といえども賛成する人と反対する人とが生まれて当然なのです。その際、先の生活保護基準と同様に相対的選択であることを言い、多数決制で決める必要があります。自由闊達な討議に基づいて多数決で決めるからこそ、次への発展もあるのです。「真理は一つ」「中央は下級や一般党員より正しい結論を導くことができる」などという認識は、政策というものが何であるかを踏まえていない意見と思うのですが、どう考えられますか。

22年8月に開催された「6中総の結語」において志位委員長・貴方は「6中総決定文書は社会科学の文献である」と言われました。選挙のように多数の政党がかかわった政党間闘争について特定の政党がまとめた方針がなぜ社会科学の文献となるのですか。言うまでもなく選挙中に志位委員長・貴方が語った「自衛隊合憲論」は党内に無用な混乱をもたらしましたが、それについてまったく触れない文書をどうして社会科学の文献と言えるのですか。

ところで共産党は最近まで「同性愛はブルジョワ的退廃」と言ってきましたが、志位委員長・貴方は近年になって同性愛を認める発言をされています。私は貴方が女性研究者などから学んで、そのように考えるようになられたことは是認します。しかし志位委員長・貴方、そして共産党の指導部におられる方々がそのような考えを述べることによって、共産党全体がそのような対応をすることになることについては疑問を持ちます。

同性愛についての偏見は長い歴史的・社会的・法的な経緯をもって形成されてきました。私自身長い間、必ずしも同調的ではありませんでしたが、インドやベトナムなどに行きそうした人々と交流することを通じて徐々に考えが変わり、共産党が同性愛を認める相当以前から同性愛を認めるようになっていました。しかし共産党の中心を担っている60代70代の多数の人が同性愛を許容しているとは思っていません。自分の子供や孫から「同性結婚をしたい」と語られた時、葛藤を伴う人が大半だと思います。「それは良い事だ、私たちが所属している共産党もそういう政策を持っている」と言って、何の心の葛藤もなく認める人は極少数だと思います。このような問題を、歴史的経緯を無視して党の方針とすること、ましてや昨日まで疑問を呈していた党員が「私も賛成だ」などと言う体質には疑問を感じます。当面は党員個人に任せるべきだと思います。

同じような問題に「安楽死」問題があります。私は同性愛は科学的見地から認めるべきと思っていますが、政策的には現時点では個人に任せるべきと思っています。しかし安楽死については科学的にも慎重にすべきであると考えています。当面は党として決定せず、国会などで安楽死の法制化が提出されても議員の自由投票に任せるべきと考えていますが、志位委員長・貴方はどう考えておられますか。

②第8回党大会以来「満場一致」が常態化してきました。

それでは何時から、どういう経過で満場一致になってきたのでしょうか。第8回大会までは自由な討論が行われ、宮本顕治氏が責任者として起草した綱領草案も1958年の7回大会では代議員の3分の1が反対し、決定は次の8回大会に引き延ばされ3年後の8回大会では「満場一致」で採択されました。そこには国民的闘争となった60年安保闘争を通じて、綱領草案が提起していた日本の対米従属性が共通認識となった側面があります。しかし当時の状況を冷静に見れば、なお多くの反対意見者がいたと推察されます。

党大会に出席する代議員の選出過程において、支部会議、地区党会議、県党会議を通じて多数派によって異論・反対派が排除されて行き、当時、宮本賛成派しか党大会代議員に選ばれなかったことも大きかったのです。今もそうです。中央委員会が提起する方針に賛成する人でなければ地区党会議、県党会議において、党大会の代議員として選ばれる可能性はありません。

ここまで書いていて改めて気づいたことがあります。私は１９７０年の第11回党大会から１９９４年の第20回党大会までの党大会のうち、１９７４年の第12回党大会以外の党大会に代議員として参加していました。そのうち参加者の大半と知り合いになりました。なぜそうなるかというと、参加者の大半が私と同じく党から「給与」が支給されている党の専従職員であり、党大会参加の常連者であったからです。こうした人が大会代議員の大半を占めています。大会は伊豆の学習会館の講堂で開催されているので最大１０００名前後の代議員数です。共産党は他党に比べて専従職員（職業革命家）の数が圧倒的に多いですが、それでも全党員の０・５％ぐらいです。それが党大会の代議員の７割台を占めていると考えられるのですから異常です。

なお党勢の最高時は１９８０年15回大会ですが、２０２０年の第28回党大会では党員数は半分になっているにもかかわらず中央委員の数は増え続け、15回大会時の中央委員１６６名准中央委員27名計１９３名に対して、第28回党大会で中央委員１９３名、准中央委員28名、計２２１名が選ばれています（全員専従）。常任幹部会員も15回大会時18名にたいして28回大会は26名と増えており、完全に頭でっかちな逆ピラミッドの党機関構成になっています。

まさにコミンテルン・レーニン型の職業革命家中心の党の伝統を引き継いだ姿です。したがって、一度、党の指導権を握る位置に立つと、その地位は不動になるです。スターリンがトロツキーら反対派を排除できたのも、この専従職員中心の党運営において組織を握る書記長の座にいたからです。

共産党が党運営の民主化を図るためには、後で記すような選挙制度の民主化は当然として、専従職員中心の党運営を改めない限り駄目です。志位委員長・貴方はわが党が持っているレーニン型・コミンテルン型の専従職員中心の党運営、それに立脚した党大会代議員の選出・構成、多数派によって少数派・反対派が完全に排除される満場一致のやり方が党内の意思を正しく反映しない仕組みになっていることを是正する気はありませんか。

こうして第8回党大会以降、一部例外を除いて各党大会、中央委員会総会、県党会議、地区党会議において満場一致が定着してしまったのです。

2、党首を選挙で選ばないことの問題

コミンテルンの支部であった日本共産党は、当時、中央委員もコミンテルンが決めたり排除したりしてきました。また1926年の第3回党大会以来1945年の第4回党大会まで、天皇制政府の弾圧もあって19年間、党大会を開くことはできませんでした。そのため中央委員でさえ党大会で選出するということはなく。コミンテルンが決めたり、その時点でいる中央委員が誰かを中央委員に後継指名し補充するというやり方が行われてきました。

例えば１９２６年の第３回党大会で中央委員に選出された福本和夫、徳田球一、佐野文夫は１９２７年７月、コミンテルンの指示で罷免され、山本懸蔵、国領五一郎らを新しい中央委員に任命し、渡辺政之輔を日本共産党の代表にするように指示され、そうしました（『日本共産党の70年』P72の下段）。また大会が開かれなかったり、コミンテルンと連絡が取れない場合、現在いる中央委員が新しい中央委員を補充して良いとの見解がコミンテルンから示されていました。「ときとして選挙制の原則の厳格な実施から外れて、……指導党機関にたいして自己補充の権利を与えなければならない」（「プロレタリア革命における共産党の役割についてのテーゼ」、１９２０年７月24日、村田陽一・編訳コミンテルン資料集）。

宮本顕治や袴田里見は「最後の中央委員」といわれていますが、『日本共産党の70年』では、何時、何処で選ばれたかは明らかにされていません。

宮本顕治が中央委員であったのは１９３３年５月から12月迄ですが、１９３３年５月に野呂栄太郎が委員長に就任し、宮本が中央委員に昇格しました。野呂栄太郎はその年の11月に逮捕され虐殺されています。そして12月23日、宮本、逸見によって小畑・大泉の査問が行われ、その途中24日に小畑が亡くなり12月26日に宮本は逮捕されました。宮本の中央委員としての活動は５月から12月の７か月間でした。「袴田の予審尋問調書」によると１９３３年12月23日に開始された小畑・大泉査問に際して、査問対象の小畑も大泉も中央委員であったが、査問側の中央委員は宮本・逸見の二人で2対2となります。それで査問の当日、宮本と逸見が協議し袴田と秋笹を中央委員に任命して査問が実施されたと記述されています（真偽のほどは確かめようがないが、いずれにしても宮本も袴田も後継者任命制で中央委員に就任していた）。なお袴田は、事件後逃げおおせ、1935年3月4日に逮捕されるまで中央委員として活動していました。

戦後の第4回党大会（1945年12月）や野坂参三が中国から帰国し迎えた第5回党大会（1946年2月）では、中央委員の選挙や書記長の選挙は行われていましたが、戦前獄中にあって非転向を貫いていた徳田・志賀・宮本・袴田等の中央委員経験者、そしてコミンテルン執行委員で中国で反戦活動をしていた野坂の権威は圧倒的でした。連合軍の指令で彼らが刑務所から出て来るにあたって徳田・志賀は「国民に訴える」という文書を発表し、戦後の党再建のイニシアチブを握り戦後の中央幹部の中心に座りました。しかし後で記すように「50年問題」を通じて所感派の権威は崩れ、国際派の宮本らのイニシアチブで6全協後の党再建が進みました。そして1961年の第8回党大会で名実ともに「宮本体制」が確立した段階で宮本の権威は圧倒的なものとなり、以降委員長選挙は事実上は行われず中央委員会で「信任投票的な委員長選挙」（投票もなく拍手での確認）となっていきました。それは中央委員会だけではなく県委員会、地区委員会でも同じで、多少やり方は異なりますが、私がいた京都府委員会で言えば、第一回府委員会総会で年配の人が「年長の故でもって失礼します、委員長には○○さんがいいと思いますが、いかかですが」と提案があり、その場で拍手でもって確認されていました。こうして中央委員長のみならず県委員長そして地区委員長も事実上、選挙で選ばれなくなりました。まさに「日本的空気」です。

3、宮本顕治氏の誤りとその源泉

(1) 宮本氏の決定的誤りは、不破氏と志位委員長・貴方を後継者指名したこと

そして決定的な誤りは、宮本氏によって不破哲三氏と貴方・志位和夫氏の幹部会委員長・書記局長の後継者指名が行われた事です。不破氏は第9回党大会（1964年）において33歳で中央員候補、第11回党大会（1970年）において40歳で中央委員・書記局長に就任しました。志位委員長・貴方は第18回大会（1987年）で33歳の時に准中央委員になり、次の第19党大会（1990年）で35歳の時に中央委員・書記局長に就任しました。

貴方は自分のことですから鮮明に覚えておられると思いますが、党大会や中央委員会総会で選挙が行われたわけではありません。『不破哲三　時代の証言』（中央公論新社）において不破氏が「大会最終日の前夜遅く宮本さんから、明日、提案するからな」と言われたと記しています。同じく『証

言』において、1990年第19回党大会時、宮本氏が不破氏同席のもと、貴方（志位和夫）に対して書記局長の就任を説得しました。貴方は「晴天の霹靂」といいながら、結局その場で「分かりました」と書記局長就任を引き受けた、と記しています。志位委員長・貴方はこれをおかしいと思いませんでしたか。このやり方は毛沢東が林彪や華国鋒を後任に指名したのと同じやり方ではないですか。およそ近代政党とは言い難い「個人独裁」的党運営です。

日本共産党は戦前戦後同じ名前で活動していますが、非合法下、中央委員でさえ党大会で選べなかった戦前の党と、毎回の党大会で中央委員を選んでいる戦後の党とは区別して扱う必要があると私は思ってきました。しかし今回、改めて戦前の党における中央委員の任命・就任の仕方を検討してみて、宮本顕治氏にとっては戦前の経験もあって後任を指名し任務につけさせることは特段問題ではないとする感覚があったのだと考えられます。不破・志位両名は、選挙で選ばれたのではないので、後継指名した宮本議長に忠誠を尽くすことが任務となりました。株式会社などで独裁的社長が、後継者としてある人物を社長に選び、自分はＣＥＯ（最高経営責任者）として会長に就任しても、後継者の社長が自分の眼鏡に合わない場合は、社長を解任するようなことが行われています。これはその会社の株式を多数所有していることによって社の定款の規定に基づいて行っています。しかし共産党の規約にはそうした権限の規定はありません。あるのは各種役員は選挙によって選ばれるという規定だけです。ところが宮本氏は不破氏や貴方を後継者指名しただけではなく、解任を含め絶対的な権能を持っていました。そのことを示す事件がありました。

宮本氏は自分の後継者として不破氏を据え、自分の指揮の下において運営しようとしました。その時異様なことが起こりました。不破哲三・上田耕一郎兄弟が共著で30年も前に出版し20年も前に絶版としていた『戦後革命論争史』（大月書店、１９５６年12月上巻、１９５７年1月下巻発刊。不破氏が中央委員候補になった１９６４年に絶版とされた）について、党内問題を党外に持ち出したとして不破委員長、上田副委員長の二人の自己批判書が「前衛」（１９８３年8月号）に掲載されました。委員長である不破氏、副委員長である上田氏に自己批判書を書かせ「前衛」に掲載させるなどは議長（党首）である宮本氏にしかできないことです。この当時、常任幹部会員は第16回党大会（１９８２年）後に構成された人々で21名いましたが、不破哲三氏、上田耕一郎氏を含めて全員、宮本氏に登用された人々で、不破氏によって登用された人はまだいませんでした。宮本氏は「自分が党を握っているのだ」と党内外に示しました。ここに日本共産党は宮本路線の枠内・延長上の微調整でしか理論も行動もできない党となってしまいました。

（2）宮本氏の党内権威の源泉は何処にあったのか

まずは戦前から「50年問題」を踏まえ7回党大会・8回党大会に至る時期です。

①東大生の時に応募した文芸評論コンクールにおいて後に文芸評論の第一人者となる小林秀雄を抑えて第一位で入選し、知的エリートとしてデビューしました。

②戦前の日本共産党の数少ない非転向中央委員であるだけではなく完全黙秘を貫いた代表的幹部でした。当時の党内にあっては、戦前から党員であったか、非転向であったか、中央委員であったか、非転向の中央委員であったかが絶対的権威の根拠でした。

③「50年問題」時、徳田球一等に排除されていたこともあって、武装闘争に参加していませんでした。とりわけ非転向の中央委員として戦後に生き残ったのは徳田、野坂、志賀、宮本、袴田だけでした。徳田は「50年問題」の最中に北京で亡くなっていました。そして野坂、志賀、袴田はその後除名されました。昨日までの「英雄」は「最悪の裏切者」に成り下がり、戦前からの非転向中央委員として共産党を代表する人物は宮本顕治氏だけとなったことが大きいのです。

8回党大会から15回党大会の時期はどうでしょうか。

第7回党大会、第8回党大会を経て「党勢倍化」運動を通じて「大衆的前衛党」建設に成功し、3万数千名の党員を50万人近い党員に、さらに350万の「赤旗」読者を作り上げ、共産党を我が国における政界において無視できない位置に押し上げた功労が何よりも大きいと思います。

そしてあまり言われていないことですが、党内権威確立に応じて常任幹部会人事において宮本氏子飼いの人物が多数となっていったのです。

宮本氏によって急遽、書記長・委員長に引き上げられた不破委員長も上田副委員長も常任幹部会においては宮本多数派に従わなければなりませんでした。

１９９４年の第20回党大会の後で構成された常任幹部会員が宮本体制の仕上げであり最後でした。宮本氏に代わって党首となっ不破氏は21回党大会、22回党大会を通じて元宮本氏の秘書出身の常任幹部会員の大半を排除しました。

ところが不破氏は２００６年に開催された第24回党大会で議長を下りましたが、役員を退任することなく常任幹部会員として残り会議に出席して発言するにとどまらず、社会科学研究所の所長として全党の理論的指導者として行動しています。

志位委員長・貴方にはこの社会科学研究所とはなにをするところか説明していただきたいのです。通常その名前からは中央委員会付属の研究所で「科学的社会主義」について研究しているものと考えられます。「前衛」の２０２０年の第28回党大会特集の２２３頁に社会科学研究所のメンバーとして所長の不破哲三氏以下、14名の名前が記載されています。しかし副所長の山口富男氏などが不破氏の論文や本について持ち上げる論評や座談会を開催している事は「赤旗」で見受けられますが、誰一人として独自の論文やましてや著作を書いていない不思議な組織です。しかもその構成員は党建設委員会や大衆運動委員会など各分野にまたがっており、事実上、不破氏の本部における私的グループと推察せざるを得ないと考えられます。このような組織は解散した方が良いと思いますが、志位委員長・貴方はどうお考えですか。宮本氏の時と同じく不破氏が「引退」してからしか出来ませんか。

4、党規約とかかわる問題

私が以上のように言ったり書いたりすると、「鈴木さんのいうことは党中央の言っていることと違う」という人がいます。その人はおそらく長い間、共産党の規約を読み直していないのではないかと思うのです。

党規約三条は民主集中制について次のように記述しています。

民主集中制を組織の原則とする。その基本は次の通りである。

（一）党の意思決定は、民主的な議論をつくし、最終的には多数決で決める。

（三）すべての指導機関は、選挙によってつくられる。

つまり「多数決制」「指導機関は選挙によってつくられる」ことは規約で定められていることです。志位委員長・貴方は、貴方を後継指名した宮本氏以来、この規約の精神を実行して来なかったことの責任があります。

もう一点、現行党規約で注視する必要があるのが、第五条において「党の内部問題は、党内で解決する」としている規定です。この場合の「党の内部問題」とはなにを指すのかが規定されていません。このあいまいさが恣意的に使われる危険があります。政策的異論を開陳することが許されないなら「真理」へ近づくことなどできません。また「選挙に負け続けている志位委員長は辞めるべきである」という意見は党内問題ではありません。公党の党首の去就は社会的政治問題です。共産党の志位氏に限らず立憲の枝野氏や泉氏について、その責任が広くマスコミにおいて論じられています。職場で同僚から「共産党の志位氏は長すぎるし、選挙で負けても辞めないのはおかしい、辞めるべきだ」と言われた時、党員が「私もそう思う」と言えば「党内問題を内部解決する努力をしないで外に出した」となるのでしょうか。それは違うでしょう。公党の党首の去就は党内に限定される問題ではなく広く社会的政治問題です。

5、「幹部会委員長」について

先の衆議院議員選挙（2021年10月31投票・開票）において市民と野党は選挙共闘を組み、立憲民主党を軸に「政権交代」を目標に闘いました。また閣外協力で合意していた共産党は比例代表選挙で850万票を獲得目標としていました。選挙結果は政権交代が出来なかったどころか立憲民主党も共産党も議席を減らしました。共産党は比例区でも選挙区でも得票を減らした唯一の党でした。

立憲民主党の枝野委員長は「選挙は結果である」と言い「敗北の責任」を取って辞任し、その後新しい党首を選ぶために全党員参加の選挙が行われました。

志位委員長・貴方はマスコミの質問に対して「わが党は、方針が間違っていなければ辞任するという方針は無い」という主旨の答えをしたと報道されています。そのような方針は何処で決められましたか。もし決めていたとするなら、まったく不遜で無責任な態度です。権限には責任が伴うものです。敗北は今回が初めてではありません。前回の総選挙では22名から12名に減らしていました。そして今回はそれを10名に減らしたのです。それでも責任を取る必要はないというのは国民的常識と異なります。なぜそんなことになるのですか。

共産党は自民党や立憲などと違って党首を全党員の選挙で選んでいないことはことは知られています。もう少し詳しく検討してみましょう。志位委員長・貴方は全党員が参加した選挙で選ばれていないだけではありません。貴方は最高決議機関である党大会でも選ばれていません。それでは中央委員会で選挙されているかと言えば、そこでも選挙はされていません。そこで選ばれているなら中央委員会委員長と名乗ることになりますが、貴方の職位は幹部会委員長です。それではどのようにして選ばれているのでしょうか、貴方が一番よく知っておられます。

第28回党大会における役員選考委員会委員長の浜野忠夫氏の報告で「(前党大会である) 第27回党

大会期の常任幹部会の責任で三役案を提案しました」「1中総（鈴木注、第一回中央委員会総会の事）ではこの提案を検討し、全員一致で三役を選出しました」としています。つまり（前大会である）27回党大会時の常任幹部会（貴方・志位和夫氏が幹部会委員長）の提案（推薦）が了承されたのです。結局、遡れば不破哲三氏、さらに宮本顕治氏の推薦で歴代の幹部会委員長は就任しているのです。不破氏は幹部会委員長を下りた後、90歳を過ぎた今日も常任幹部会員であり社会科学研究所の所長として、中央委員をはじめとする幹部への理論問題研修の講師を行っています。

結局、共産党は主権在民の民主主義社会にあって党を代表する党首を全党員参加の選挙で選ばず、宮本氏以来の後継者指名で歴代の党首を引き継いで来たのです。ここに共産党が国民から見て異質性を感じられる一つの要因があります。

6、「革命党の幹部政策」について

２０２２年8月24日の「赤旗」に「日本社会の根本的変革をめざす革命政党にふさわしい幹部政策とは何か」という論文が党建設委員会の名前で出されました。前半では革命党の幹部政策は「発達した資本主義国である日本での革命の事業には特別の困難な条件があり……中央委員会は正確で、機敏で安定した指導性を発揮することが求められています」云々としています。

まず共産党は「革命党なのか」「革命とはなにをさしているのか」「革命党とは何をもって言うのか」という疑問が生まれます。共産党は現在では、一党で革命を行うわけではありません。他の党と共同で協力しながら一歩、一歩、社会を変えていくという路線を取っています。そうする共産党だけが他の党と違う「革命党」として運営することはありえないと思いますが、なぜ共産党は他党と区別して自党を「革命党云々」と言うのかを明らかにしなければなりません。

「政策」の後半では党首を全党員参加の選挙で選ぶという方針は取りませんと書かれています。全党員参加の選挙で選べば分派が生まれ、党の不団結、分裂が生まれるというのです。「50年問題の教訓から」分派の成立と分裂を生んではならないので全党員参加の選挙はなじまず全党員参加の選挙はしませんと、支離滅裂な論を展開しています。「50年問題」で分裂したのは党首選挙を行ったからではありません。ソビエト・中国共産党による干渉があり、それに呼応した者が党を分裂させたからです。

党首などの役員選挙は、綱領と規約を承認している党員同志が政策や方針をめぐって行うものです。選挙を行えば分派が生まれ分裂の危険があるなどは全くのすり替えであり、選挙を求める党員に対する侮辱であり、選挙を行っている他党への冒涜です。

党首などの役員選挙によって政策・意見の相違が表面化しても良いのです。それが党に活力を生み出す事は今までに書いてきました。また失敗したり間違えば委員長などの幹部役員選挙で敗れて一中央委員・一県委員に下り、党を刷新していく契機となります。他党は皆そうしています。それが民主主義であり、党役員は身分ではありません。党首を全党員参加で選ぶことに反対するのは、選挙に敗れて下りることはしたくない、宮本氏に後継者指名を受けた地位を失いたくないというだけのことです。路線の継承性と言いますが、宮本委員長に指名されて以来20数年、党勢力を後退させてきた人と路線の継承などはだめだし、機敏な指導の名のもとに「共産党が入った政権では自衛隊は合憲」などとの思い付き発言で全党に混乱を巻き起こした人の幹部会委員長の継続など認められません。志位委員長・貴方は国民的常識的判断を無視されるのですか。党勢を後退させた人が責任を取ろうとしないことを防ぐためにも、党首をはじめする役員の選挙が必要なのです。「政策」では共産党は「中央委員会は幹部会委員長などを民主的選挙によって選出しています」と記載していますが、そうでないことは先に「幹部会委員長」の項で記しています。なお「革命党の幹部政策」なる言葉が生まれたのは、宮本委員長の晩期、老害が表面化し始め「宮本委員長は辞めるべきだ」「長すぎる」との声が出た時です。

このような「政策」を出したことは「委員長は全党員参加の選挙をすべき」「志位委員長は責任を取って辞めるべきである」という意見が相当多数出ているのだろうと推察します。それに対して宮本時代の末期のような文書を出したことは致命的誤りです。かえって「党首選挙ををすべき」「志位氏は辞めるべきだ」の声に拍車がかかるでしょう。それが世間の常識でしょう。それにしても「全党員参加の党首選挙はしません。それを行えば分派が生まれ、党が分裂する危険がある」などの馬鹿げた「方針」で党首選挙を拒否したことは「党改革は行いません」と党内外に表明したことになります。しかもこの「政策」が常任幹部会などの責任ある機関名ではなく、権限も責任も不明確な党建設委員会の名で出されたことは党の運営としては致命的誤りでした。

「特別期間」についての「激励文」ならまだ分かります。しかし党の規約で「各級役員は選挙によって選ばれる」としている共産党において、実質上選挙をおこなっていないだけではなく「分派が生まれ分裂する危険があるから、全党員参加の選挙をしません」など党規約の精神に反する見解を党建設委員会の名前でだすなど党運営としてあってはならない二重の誤りを犯しました。ところで党建設委員会の委員長は山下副委員長ですが、彼は議員であり、実質的には委員長代理の若林義春氏が取り仕切っています。通常、委員会名や部の名前で見解を出す場合、責任者この場合は責任者代理の若林の氏名を明らかにするものですが、この文書では記載されていません。ところが9月26日に開催された全国組織部長会議で若林氏が志位委員長・貴方の「党創立記念講演」について、さも作成に自分がかかわっているかのように「赤旗」1面分を取って詳細に説明しています。なのに8月24日の党建設委員会の名で出した「政策」には名前を出していません。このちぐはぐな党運営は、外から見ていて「共産党の運営はどうなっているのか」と不安・不信を募らせることになっています。

第四章

「党勢拡大期間」は一旦中止し、あり方を抜本的に検討する

志位委員長

「党勢倍加運動」に端を発する「党勢拡大月間」は過去、大きな成果を上げてきました。しかし、そろそろ「党勢拡大月間」について立ち止まって考える必要があるのではありませんか。

勤評・警職法・安保改定反対の闘いを通じて日本共産党は社会的・政治的に影響力を広げました。それに比して党の組織的影響力は極めて少ない状態でした。そこで1958年11月「党勢倍加運動」が提起され大きな成果を上げました。戦後、党が再建されて以来、党勢拡大は追及されてきましたが、特段の目標・期間を決めて行ってきたわけではありませんでした。それに対して、この「党勢倍加運動」では「自然発生性」を克服し「目標と期日」を決めて実行されて大きな成果を上げました。それ以来、党勢拡大を目指す「月間」が何回も提起され、1980年の時点で50万の党員、350万の「赤旗」読者を確保するなど大衆的衛党の建設に成功し、新たな前進を遂げてきました。

1、「月間」の繰り返しで疲弊してきた共産党

しかし「月間」が繰り返される中で70年代中期に早くも矛盾が表面化しました。「月間」は「期日と目標」を決めて取り組みます。それはノルマ化を生む危険があります。目標を達成したり、ま

してや超過達成した機関は評価されるので、「給与」を党から支給される職業的専従職員である県委員長や地区委員長、常任委員・議員にとっては評価にかかわる問題です。そこで対象者に対して「今月だけ」という説得が行われたり、時には上級機関に対して水増し申請が行われたりするようになりました。拡大の成果でもてはやされていた複数の県委員長が内部告発で「水増し請求をしていた」ことが判明し処分されたりしました。

政党の活動は総合的なものです。日常活動や大衆団体での活動、大衆組織の建設は数字には現れないために、往々にして地区機関の支部への「指導」では「それでいくら拡大したのか」との一面的指導が生まれ、支部の活動を一面化してしまいがちのため、「月間」の繰り返しによって次第に党は疲弊して行きました。さらにそうした中で育った地区委員や県委員の中には次第に日常活動や大衆運動、大衆組織の運営がわからない人が増えていき、党の活動全体が次第にいびつなものになっていきました。「共産党の政策は良いが、拡大のノルマだけはいやだ」という気持ちが多くの党員の中で形成され、党勢拡大行動に参加する人はだんだん減り、「議員、地区役員が支部とともも先頭に立って」などと特定の幹部に依存する拡大方式になって来て党を疲弊させてきました。

宮本氏も不破氏そして志位委員長・貴方も現場で支部長や地区委員として一般党員と一緒に何年にも渡って活動した経験を持っていません。その3人が議長、委員長、書記局長として三世代トリオで「指導」にあたる中で、こうした矛盾を是正されることはなく「月間」を繰り返してきて党を疲弊させてきました。

２０２２年の参議院選挙を総括し一斉地方選挙の方針を出した6中総の「特別期間」の提起において、古参党員の意見もあってか計画の中に党勢拡大とあわせて日常活動や大衆運動についても方針を持って臨むようにと書いてあります。しかし、8月から12月のわずか5か月の「特別期間」で、党勢拡大の基礎となるような日常活動や大衆運動の広がりなど簡単に構築できません。また地区機関がそのような「指導力量」を一気に持つようになることも不可能であり、結局のところ拡大の数字だけが独り歩きする危険が大です。

志位委員長・貴方を先頭とする常任幹部会などで「特別期間」を決定した際、「特別期間」の目標として、①日常活動を含めた要求実現活動、②一斉地方選挙での前進、③「党勢拡大」の三つをどの順序で書くかと議論されたのですね。その結果、党勢力が最高時に比べて党員は50万人から26万人、「赤旗」は３５０万から90万に減っていることから党勢拡大を最優先とし、続いて一斉地方選挙での前進、そして最後に要求実現の取り組みとされたのですね。一見もっともらしい論ですが「減っているから、増やさなければならない」の論だけが繰り返されており、なぜ40年間も党勢が減り続けているかについての分析とそれに基づく改善策は出されないまま今日に至っています。今そのことが大切なのではありませんか。問題は度重なる月間で党が疲弊しているときに、「月間（言葉を「期間」と変えても）」が党内では受け入れられない状況にあることが理解できないところに、あなた方指導部の根本的問題があります。

２０２２年９月２日、共産党中央委員会は「特別期間」の遅れを打開するために市田忠義副委員長を講師に小池晃書記局長を方針提起者して活動者会議を開催しました。そこでの小池氏の報告によると、「月間」最初の月である８月は党員・赤旗ともに減になり、６中総以来すでに１か月以上たったにもかかわらず６中総を討議した支部は53％、読了した党員は23％という状況であるとして事態の打開を訴えました。そして「党建設のベテランである市田副委員長の報告を深く学ぼう」と呼びかけました。ところがその小池氏の報告の中で「共産党の党勢力は１９８０年の15回党大会をピークにして毎回の党大会で減り続けてきた」と述べています。つまり42年間減り続けてきたのです。この42年間、選挙での議席や得票は他党派との関係などの政治情勢もあって増えたり減ったりしてきましたが、党勢力は減り続けてきたのです。

市田氏の党勢拡大の経験なるものは40年も前の１９７０年代のことです。彼が京都府委員長から中央にいって書記局長に就任したのは２０００年の第22回党大会です。それ以来、不破・志位の二代の委員長時代に書記局長を務め「何回も月間を提起」しましたが、ずっと党勢は減ってきたのです。その人の70年代の党建設の成功談を聞かされる人の困惑を理解できないところに、小池晃書記局長をはじめとする現在の党指導部の資質が問われています。志位委員長・貴方は一旦「月間方式」を止め、少し時間をかけて日常活動、大衆運動、大衆組織の運営の発展に努め党員が護民官としての誇りと喜びを持てるように努めるべきだと思いますが、いかがですか。

2、選挙と拡大・日常活動――私のささやかな経験から

志位委員長・貴方は繰り返し党勢と選挙の得票結果に因果関係があるように言い、選挙方針の中央委員会文書において前回党勢の回復を目標として提起しています。長い大きな歴史的視点で言えば党勢の強弱は選挙の得票と関係します。しかし直面する選挙で言えば、その時の政治情勢、候補者の組み合わせ、提起する政策の的確性、候補者並びに議員の日常活動などが決定的で、党勢が後退していても選挙で勝利することもあれば、党勢が増えていても選挙で敗れることがあります。

（1）京都市長選挙で、木村万平さん、井上吉郎さんを候補者として闘って

私は首長選挙では共産党京都府委員会から民主府・市政の会事務局担当常任幹事に派遣され、1989年の市長選挙で木村万平氏の選挙を闘い321票差で惜敗しました。そして木村万平氏の後継候補として学生時代からの友人であった井上吉郎氏の1992年の初陣、96年の二度目の挑戦

を担当し、１９９５年の参議院選挙における共産党の比例代表のほぼ倍の21万８４８７票を獲得しましたが、得票率差０・９％、得票で４０１９票差で敗れ自分の能力の足りなさを痛感しました。

木村万平氏、井上吉郎氏の二人はまったく異なる気質の人でした。しかし両名とも、それ以前それ以降の候補者と根本的に違うところがありました。木村万平さんは居住地である鉾町・百足屋町での町壊しに反対する闘いからはじめて古都京都の景観を守る闘いを続け、その延長として、京都市長選挙に臨まれました。井上吉郎さんも障害者が暮らしやすい町を求めて市民運動を闘い、それを実現するために市長選挙に臨まれました。そして二人とも選挙に敗れても、引き続き住民運動・市民運動に取り組まれました。今日多くのところで見られるように、選挙の数か月前に候補者が決まり、選挙が終わると公約実現のために闘うことなく、別のことをするという活動スタイルと根本的に違っていました。選挙にあたって今日、共産党と民主勢力が学ばなければならない大切な問題の一つだと思います。

私は家庭の都合で共産党の専従職を辞めた後、井上さんは最後の選挙となった２０００年の市長選挙に向けて、『革新的保守市政宣言』という本を出版しました。※しかし共産党はその書名に反対し、宣伝に協力しないという対応をしました。私は市長選挙とかかわってしかるべき職務についていなかったので、「事情も分からない人間が口を出すべきではない」と考えて、あえて動きませんでした。井上氏も私にあれこれ言って来ませんでした。

革新的保守市政宣言

京都のまちでは、政治的な意味でいう「保守」の首長などが、大型開発＝京都破壊に熱心で、「革新」の側が京都のまちを守る＝保守するのに力を入れている。私の立場は、「革新」なるが故に、ある面では、極めて保守的な市政こそが、京都のまちには望ましいし、似つかわしいと考えている。

京都2000年

井上吉郎

それでは「革新的」保守市政とは、どのような市政を構想するのか。

※本書の執筆にあたり、私は『革新的保守市政宣言』（かもがわ出版）を本箱から出し読み直しました。彼が一回目の選挙以降、毎回の市議会を傍聴する中で京都市政のありかたについて論じたもので、誰が読んでも特段の問題があるものではない常識的なものです。共産党が問題にしたのは、その内容より表題です。しかし反動市政が福祉・医療、街並み破壊を進めているのに対して、革新市政は「老人医療無料を守る」「京都の景観を守る」などなど「保守的」なのだと表現することによって「革新陣営」に属さない保守的な人びとも取り込もうとした彼独特の感覚を表現したものでした。

（2）党派選挙で、参議院京都地方区・衆議院一区の選対本部長として闘って

私は党派選挙では参議院京都地方区（2名区）において神谷信之助氏、衆議院選挙においては京都一区（中選挙区制の5名区）で藤原ひろ子氏とともに複数当選した梅田勝氏の当選を担った本部長をしたことがあります。そして今ではほとんど忘れられていますが、現国会対策委員長の穀田恵二氏が市会議員から衆議院議員に転身する最初の選挙の本部長も務めました。そのささやかな経験から言いますが、選挙の直前になれば選挙闘争自体に工夫と努力を集中しなければなりません。選挙直前まで党勢拡大を追求することを重点にしてはならないと考えていますが、いかがですか。

（3）地方議員選挙で京都北部を担当して

私は一斉地方選挙においては、衆議院京都一区の左京区・東山区・山科区・南区の京都府会議員・京都市会議員の選挙を担当しました。しかし実体的には府委員長・選対部長も参加した京都一区関係の地区委員長会議と、各行政区に府委員会の常任委員や部長などが張り付いて取り組んでいたので、実質的にはそんなに深くかかわってはいませんでした。それよりも京都市以外の郡部地域、亀岡市以北の京都北部と南部の向日市・長岡市・大山崎町などの乙訓地域、宇治・城陽等の洛南地域担当の3名の常任委員の仕事は個人責任が明確な仕事でした。参議院京都選挙区や知事選挙を担当していたので郡部の状況に比較的詳しかったことや、雪道の車の運転になれていたこともあって、私は京都北部の郡部地域を担当していました（口丹・中丹・舞鶴・与謝・丹後の5地区委員会）。「京都」と聞けば他府県の人は京都市のことを思い浮かべますが，北部地域は広大な山村地域であり、日本海に由来する豪雪地帯もあります。私は水曜日の定例常任員会の後、木曜日は北部の地区委員長会議、金曜日はいずれかの地区の常任委員会、土・日はその地区のいずれかのセンターで一斉行動に参加していました。その間は地区委員会かセンターの事務所で寝泊まりしていました。そして日曜日の夜中に京都に戻り月曜日の簡単な打ち合わせに参加し郡部に戻るという生活を10月頃から4月末まで半年間続けていました。ボロ車を一人で運転しチェーンをつけたり外したり、アイスバーンの夜中の山道を命がけの運転をしながら移動していました。しかし40代50代と若く、登山で鍛えた身体と「革命家」の気迫でものともせずに活動していました。

私がそこで学んだ事は日常活動の大切さです。福知山などの市会議員の選挙といえども、多くの場合、自宅が選挙事務所となり奥さんなどが親類・ご近所の協力を得て炊き出しを行い、支持者や協力者を迎え昼食・夕食を食べてもらい、またお米や野菜の差し入れを受けていました。どなたが来られて食べて行かれたか、お米や野菜を持ってこられたが確かな票読みでした。票読みカードの数や台帳はあくまでも結果でした。そして現職であっても新人であっても、住民の中で住民要求に基づく活動、世話役、村役をどれだけ行い住民の信頼を受けているかが最後の勝負でした。それを目のあたりにして日常活動の重要性を教えられました。私のように都会育ちで都会でしか活動してこなかった人間に、こうした農村部の党組織や党員を京都府委員会常任委員の肩書で「指導」など出来るはずがありません。私にできることは、せいぜい会議の段取りを立て連絡すること、顔が知られていないことも生かして他陣営の演説内容などを掴むなどして情報を報告したりして論戦に生かしてもらうことであり、そこに務めました。こうして四年ごとに半年間・三回の郡部周りで、私は日常の都会での活動と異なる農村部の議員・居住支部の活動を勉強させてもらいました。護民官としての共産党員・共産党支部・市町村議員の活動です。共産党は、これらの人びとによって支えられています。電話作戦のかけ数や票読みカードの数しか見えなくなったらお終いです。

志位委員長・貴方は第6回中央員会総会の結語において「新しい取り組みとして全国遊説を行っていくさいに、演説で終わりとするのではなく、党建設のさまざまな困難の打開ための、さまざまな形で懇談などの機会を設けていただきまして、ともに困難を打開する活動をやっていきたいと思います。遊説と懇談をハイブリッドでやっていきたい思います。どうかよろしくお願いいたします」と述べました。

地区や支部が抱えている問題は複雑多岐で長い経過を持っています。志位委員長・貴方は、演説会の前後の短時間懇談会で何か事態を変えられるような答えがあると思っているのですか。支部や地区と一緒に一定期間、泥にまみれて活動することなく問題の解決などできません。それこそ県委員会や地区委員会に任せればいいのです。

その後「赤旗」で演説会の控室等で志位委員長・貴方が地元の地区委員長などと懇談されている様子が写真付きで報道されました。しかし私の思い過ごしかも分かりませんが、写真や記事を見る限り問題解決のための会議になっているようには見受けられませんでした。それよりも私が驚かされたのは、愛知県豊橋市での懇談会の席上、志位委員長・貴方は「１９９０年に書記局長に就任して以来32年経ちますが、いつも演説会が終われば東京に戻り地元の皆さんと直接お話する機会を持っていませんでした」（筆者の要旨）と語られたことです。

（4）私も関わった農村部での闘いと議員の活動とを一例だけ

京都府・福井県・滋賀県の県境に美山町大字芦生と言うところがあります。ここは日本海型気候と太平洋型気候の接点であると同時に、東日本型気候と西日本型気候の接点でもあります。標高1000mに足りない所ですが、日本で最も植物の種類の多く「植物を学ぶなら芦生に行かなければならない」と言われている地域で、関西では大峰山系南部に並ぶ原生的森のあるところです。ところがその裏の福井県側には関西電力の日本最大の原発群があります。原発は発電量の調節ができないために夜には余剰電力が生まれます。そこで関西電力は芦生の森の標高800mあたりにダムを作り、夜間の余剰電力で水をくみ上げ昼に落として発電する揚水力発電所を作る計画を発表しました。電源開発補助金を目当てに福井県側そして美山町も賛成で動きました。

それに対して芦生に住む人々は井栗登さんをリーダーに「祖先から受け継いできた貴重な森の破壊を許さない」と反対運動を組織しました。電源開発の対象地域は過疎地であるために補助金攻勢に弱く、それまでダム建設を止めさせた例は全国的にありませんでした。井栗さんはダム建設に賛成する町長に対決して反対派として議員に当選し、町長相手に論戦を挑みました。同時に「原生林を生かした村づくり」を提唱し、原生林で取れる自然なめこやシイタケの栽培と販売を打ち出し事業化しました。山奥のために、なめこは町まで持って行く間に痛むので、京都府政と掛け合い「なめこの瓶詰工場」建設のための補助金を獲得し、事業を軌道に乗せて村人の雇用を確保しました。また原生林の良さを知り守るためのセミナーを春と秋に開催し、全国から自然保護を求める人々を集めて問題を全国化し、それらの人々の宿泊を事業としても成り立たせ、電源開発に依存しないでも暮らせる基盤づくりを進めました。こうした闘いの中で美山町の共産党の町会議員は、定数16名の中で井栗氏一人から複数へ、そして3名へと前進しました。私はこの井栗氏を先頭とする芦生の人々の運動に協力し、今日まで40年以上、芦生に通い続け『芦生の森から』（かもがわ出版）という本もつくり、地方出版社としてはめずらしく重版を重ねるロングセラーになっています。

こうした闘いでついに1992年、関電はダム建設を断念しました。美山町自身が今日では「自然を生かした街づくり」へ方針転換し、「日本最大の茅葺の里」などを売り物とする街づくり進めるようになりました。そして2016年芦生を含めたこの地域は国定公園に指定されました。

しかし近年になって北陸新幹線延長問題が浮上し、この地域に地下トンネルを作るなどの計画が発表され、新たな闘いを余儀なくされています。

（5）京都府・大山崎町町長選挙と町議会議員選挙

2022年10月16日、投票・開票で京都府大山崎町の町長選挙と町会議員の選挙が行われました。共産党も参加した「明るい民主町政を進める会」推薦の前川町長が４６２８票を獲得し、自民党・公明党・国民民主が推す候補者３２９８票に対して１３３０票の大差をつけて破り再選を果たしました。併せて共産党の４名の候補者が２６３８票を獲得して全員当選し、自民党の３議席・得票（２４８２票）を上回り定数12名中第一党となりました。自民党による安倍元首相国葬強行・統一協会癒着問題に対する厳しい批判もありましたが、やはり前川町政とそれを支えてきた共産党議員団の住民要求をとらえた地道な活動がありました。中学校給食・公立保育園の維持、コロナによる生活困難を踏まえた上下水道基本料金免除などの実績が住民から評価された面が大きいと思います。来る一斉地方選挙においても自民党の国政レベルでの悪政暴露とともに共産党の住民の護民官としての役割・実績の押し出しが大きいと考えられます。

（6）私自身の「月間」の取り組みの経験から

私は党勢拡大や「月間方式」を否定しているのではありません。私は立命館大学の2年生の秋から6年生の終わりまで、立命館大学の学生党組織の責任者をしていて、小さいほうの数十名の党組織から１０００名近い党組織にする党建設の先頭に立っていました。個人としても京都で最も多数の人に入党してもらっていたし、全国でもベストテンに入っていたと思います。私が一番苦労したのは、自治会選挙など切羽詰まった大衆運動が行われている時に「月間」が提起された時です。私は、ある場合は「月間」は後回しにし、まずは目の前の運動を前進させることにし、あとでその成果を党勢拡大に結びつけるという対応をしていました。これに対して最初のころ、府委員会や地区の幹部の中には「あれ（鈴木）は外せ」などと言う人がいましたが、現場において私の排除に動く人はいませんでした。これは私が学生時代の後半、自主留年して党の責任者をしていて共産党から給与をもらう党専従でなかったからできたことであり、党専従であれば解任されたでしょう。しかし私が実績を積むに従って「辞めさせろ」と言う人は居なくなって行きました。やがて私は共産党の京都北地区委員会・京都府委員会の専従活動家になり、学生対策部や市民対策部・部落対策部を担当しましたが、私の活動スタイルは変えませんでした。京都そして全国で最大の党組織をつくってきたし、個人としてもたくさんの入党者を迎えていたことが知れ渡っていたので任せてくれていました。

(7) そのうえで党員拡大、「赤旗」拡大について一言

私は若い頃、「党員として生きることが一番素晴らしい人生だ」、「歴史の進歩のために自分の生涯をささげよう」と語って入党を勧めていました。しかし30代半ばごろから、自分の発言に疑問を

持ったというか、これはあまりにも人生を狭く見た生き方を説いていると気づき始めました。人生は職人として生きるとか、漁師として生きるなど多様であり、政党に加わるということは人生の一部です。戦前の非合法時代の共産党に入ることは、弾圧・拷問・入獄・死を意味しました。したがって入党するということは革命事業以外のすべてを捨てることと同じ意味がありました。しかし戦後、民主主義社会が実現し、共産党も合法政党として普通の政党として活動できるようになったのです。その時、戦前の党員の話をして党にすべてをささげるようなありかたを問うことは間違いであることに気が付いたのです。あくまでもそれぞれの人生を歩みながら、政治生活として他の党と比べて自分に合う政策を掲げている政党を選択するのです。「赤旗」についても同じです。自公政権などの暗部を暴露し追及するという点で貴重な役割を果たしています。しかしそのページ数、スタッフ数から言って最も優れた新聞とは言えません、自公政権に対峙する野党の新聞として、その役割を理解してもらって購読を訴えるようにしなければならないと思います。なお「赤旗」のことを共産党は「一紙で間に合う新聞」と宣伝したことがありますが、このキャッチコピーが出来たのは、すべてのテレビ番組が掲載された時からであり、それでも「一紙で間に合う」ことはありません。私自身、家では「赤旗」と「朝日新聞」を購読し、モーニングに行く喫茶店で「読売新聞」を読み、通っているジムの休憩室で「日本経済新聞」と「京都新聞」を読んでいます。

3、改革しなかったために党勢拡大のチャンスを2度逃した

共産党はこの30年ほどの間に党勢を大きく拡大できるチャンスが二度ありました。一回目は社会党が自民党と連立政権を組んだ時で、この時、社会党は政権に入るために安保と自衛隊を容認しました。共産党は「社会党の右転落」として激しく批判し衆議院選挙において躍進しました。それは共産党の党勢が増大したからではなく、戦後長く護憲・平和勢力として社会党を支持していた人々が社会党の「右転落」を前にして共産党に投票したからです。しかし共産党はこれらの人々を自党勢力に変えることはできませんでした。最大の要因は政策ではなく、今まで述べてきた共産党の組織体質に対する違和感でした。

もう一度は安保法制に反対する運動が高揚した時です。安保法制反対運動の高揚は共産党や社民党の努力もありますが、全国の憲法学者の大多数の人が反対の意思表示をし、マスコミがそれを積極的・好意的に報道したからです。一番影響を受けたのは学生でした。その参加者数はおそらく70年代初頭の学生運動の高揚期に並ぶものであったでしょう。違うところは70年代初頭の学生運動の参加者の多くが民青などの、いずれかの党派に属していて、その人々が運動の参加者に対する党勢拡大にも努めていましたが、それに対し安保法制反対運動に参加した学生の大半は無党派の人々

だったことです。組織もほとんど代表者無しのものでした。シールズをはじめとする多くの学生たちと、共産党は対話を含めて接触の機会がありました。しかしこの運動に参加した学生たちを共産党は組織化できませんでした。彼らは親の世代のような根強い反共主義はなく、共産党との共同を拒否しませんでした。しかし共産党に入る人はほとんどいませんでした。それは先の社会党支持者と同じです。共産党に近づくことで、その異常な組織体質・運営に違和感を感じたようです。つまり外に対して民主主義・自由・リスペクトを説いているのに、その内部では自由な討論はなく、委員長でさえ選挙で選ばれていないという姿を見て、到底共産党に入党して活動するという気持ちにはならなかったのです。それでも入党した人はいますが、大半の人は時間を置くことなく辞めてしまいました。

4、青年分野での党建設のために「新日和見主義問題」の再調査・総括を

１９７０年代前半、共産党は党の指導下にあった民主青年同盟（民青）の中央委員会を中心に分派・新日和見主義集団が発生したとして、その摘発に動きました。その結果、民青の中央委員の大半が「罷免」され、多くの人が処分されました。

その後、罷免・処分された側からは、冤罪として告発する多数の体験記が出版されましたが、処分した側からの本は一冊も出ていません。そして『日本共産党の70年』では「誤った潮流が発生し的確に処分して打ち破った」と記載されましたが、『日本共産党の80年』では事件の記述がなされなかっただけではなく「新日和見主義」という言葉さえ消えてなくなった不思議な事件であり、党中央は明確な解明を求められています。

私は当時、「民青新聞」や党が発行している「学生新聞」などに掲載されていた論文において、「日本軍国主義の復活」や「従属的帝国主義論」そして「大衆運動中心主義」が論じられていることに違和感を感じ、京都において学生などを対象とする学習会などで、それらの論について批判的見解を論じていました。そうしたこともあって京都においては組織的に「新日和見主義」に同調する人がいなかったこともあって、この問題の全体像がよくわかりませんでした。しかし今日になると、ほぼ事件の全貌が見えてきています。

60年代の後半から70年代の前半にかけて、大学民主化闘争、アメリカのベトナム侵略戦争反対闘争、それと結びついて70年安保反対闘争と沖縄返還闘争などが高揚していました。この闘争では青年学生とその核を担っていた民主青年同盟が大きな役割を果たしていました。同時にこのころ共産党は、人民的議会主義という立場を明確にして、選挙を通じて社会変革を進めるという路線に大きく舵を切っていました。それは従来以上に選挙闘争を重視し、それを保証する党勢拡大にも力を入れる活動でした。もちろんその二つだけではなく、ベトナム反戦のための国際共同行動、国内では統一戦線の発展・革新自治体づくりにも大きな力を注いでいました。しかし先に記したように、現場では数でつかみやすい選挙と拡大に傾斜しやすい傾向も生まれ始めていました。

民青の幹部をしていた川上徹氏（１９６４年の再建全学連の初代委員長）など学生運動出身者の中には、それに反発し大衆運動を一面的に強調したり、トロツキストとの対抗上、運動における情念などを特別重視したりする傾向も生まれていました。宮本顕治氏はそこに分派の存在を感じ取っていたのでしょうが、具体的な組織の摘発には至っていませんでした。そうした中で党は、「民青の卒業年齢制限引き下げ（30歳から25歳に）」を指導するようになり、党の幹部会員が民青中央委員の党員会議に乗り込み、指導を押し付けようとしました。しかしそれは逆に働き、大多数の中央委員党員が反対に回りました。共産党を導きの党としている民青において共産党中央の方針「卒業年齢制限引き下げ」に反対したとして、党中央による民青中央委員内党員に対して分派摘発の査問が行われました。結果的に民青中央委員の大半が「新しい年齢制限」に反対したことを理由に解任されることになりました。そして相当数の中央委が処分されたのです。

事件後川上徹氏は『査問』（ちくま文庫）という本を書き、政党が身柄拘束を行う不当性を追及し、社会的にインパクトを与えました。しかし後になって彼は『素描』（紀伊国屋）という本において、共産党の青年学生部長をしていた広谷俊二と川上徹など極少数者で「こころ派」という分派的なグループを作っていたことを記しました。しかしなにかテーゼ（政綱）があったり代表者を決めたり組織方針があったりしたものではなく、「宮本による大衆運動軽視に対する不満分子的な集まり」程度のものでした。しかも党中央による民青の卒業年齢制限引き下げに反対した人の大半とは関係なかったし、彼らの大半はその存在さえも知らなかったのです。にもかかわらず年齢制限引き下げに反対した人びとを「分派構成員」的に扱い、民青中央委員を卒業させたり処分したりしました。これによって民青の中央委員の大部分が外されることになり、その後の発展の桎梏となりました。この当時、査問側にいた共産党の常任幹部会員の大半は既に鬼籍に入っていますが、調査資料は党中央にあります。志位委員長・貴方はしばしば若い世代の党建設の立ち遅れの克服を提起していますそれであれば、この新日和見主義事件について中央委員会の責任で解明し、大半の人々の冤罪を晴らし、関係者の名誉を回復しなければならないでしょう。

昨年12月2日の「赤旗」に「特別期間」の11月度の取り組みの結果が報じられていました。「赤旗」日刊紙は92部、日曜版は200部の増紙で2か月連続増になったとしています。全国47都道府県ですから県単位で言うと日刊紙は平均2部、日曜版は平均4部の増紙です。党員は500人近くが入党したと記載されていました。そしてあくる12月3日の「赤旗」には常任幹部会の名で「目標総達成で締めくくろう、全党の支部グループの皆さんへの手紙」が発表されました。そこでは目標は大きく見えますが1万8000ある支部が分かち合えば1支部あたり日刊紙1部、日曜版5部増せば達成できますとしています。つまり目標を達成するためには12月に日刊紙1万8000部、日曜版9万部拡大しなければならないのです。党員については11月に500人近い人が入党し、現勢の前進までもう一歩のところまできました。つまり党員を辞めた人、亡くなった人が500名以上いたのです。目標は5000名です。これほど現実を無視した主観主義的な方針はありません。太平洋戦争末期の大本営の指示・激と変わりません。それこそ名著『失敗の本質』（中央公論新社）から学ぶべきです。現場を知らない陸軍・海軍大学出身の参謀たちの現実を無視した主観主義の作戦と同様です。今、志位委員長・貴方が率いる常任幹部会の「特別期間」の指示によって全国2500名を超える地方議員、26万人の党員が無理な拡大目標でどれほど困っているか分からないのですね。貴方に指導者としての資格がないことは、この一件だけでも明確です。多分今年1月末には大量の減紙が出るでしょう。まさか特別期間の延長はしないでしょうね。

この党の組織運営の在り方の第一草稿を第二草稿として進めようとしていた時、共産党の副委員長である市田忠義氏による『日本共産党の規約と党建設教室』（新日本出版社）が出たので取り寄せて読んでみました。しかしここまで私が書いてきたことを修正したり補強しなければならないことはなかったのであえて取り上げませんでした。ただ現在の共産党が党の建設・運営についてどうのように考えているのかの参考になるので、最後の参考文献のところでは掲載しておきました。

第五章

社会主義の理論問題で決着をつけておくべきこと

1、本格的なスターリン批判とトロツキー再評価をしなかった問題

１９５３年にスターリンが亡くなり、１９５６年にフルシチョフによってスターリン批判がなされ、世界の共産主義運動の大きな転換点となりました。またこの時期、ソビエトのみならず、ヨーロッパにおいて、かつて反革命分子と言われたトロツキーに対する見直しが起こっていました。

フルシチョフのスターリン批判は個人独裁批判にとどまり、ソビエト体制の根本問題であった一党独裁体制にメスを入れるものではありませんでした。併せてバルト三国やポーランド東部併合などの大国主義の問題についても触れませんでした。それどころかスターリン批判を契機におこったポーランドの暴動に対してソ連軍が武力弾圧したりしていました。こうした根本的な弱点があったにもかかわらず、スターリン批判は世界の共産主義運動の大きな転換点となりました。フルシチョフが世界戦争不可避論を克服し平和共存を説いたこととも関わって、先進国においては暴力革命ではなく、議会を通じての平和革命の可能性への道が開かれました。日本共産党が１９５５年の６全協後の１９５７年の第７回中央委員会総会で武力革命を放棄し平和革命へ舵を切るのにも大きな影響を与えました。

ヨーロッパの共産党はこの時期から党の内外で、コミンテルンについて、そしてコミンテルンの支部としての自国の共産党について歴史的検討を開始しはじめました。そして年月日は多少は異な

りますが、いずれの党においても分派禁止規定の廃止に向けた検討・討論を党内部にとどめず党内外でオープンに行い始め、民主集中制についての再検討も開始し始めました。しかし日本共産党では宮本体制のもと、スターリン主義について本格的検討は行われず、党として正式（党大会や中央委員会総会）な機関においてスターリン主義についての評価は行われないままにきました。

併せて問題なのは、レーニンと共にロシア革命を成し遂げたトロツキーを、スターリンが個人独裁を確立するに当たって、最大の標的とし反革命分子として排除し暗殺しましたが、日本共産党は今に至るもトロツキーの名誉回復を行っていないことです。私はトロツキーのすべての主張が正しいなどとは思っていません。しかしロシア革命において政治指導ではレーニン、革命並びに反革命との闘いにおける軍事指導においてはトロツキーが多くの役割を果たしており、これは当時のソビエト国民の間では広く知られていたし[※]、歴史研究においても明白です。革命時スターリンは国民にはほとんど知られていませんでした。しかしレーニンの死後、スターリンが党の指導権を握ると、トロツキーを反革命分子として排除・追放・暗殺し、コミンテルンを通じて各国共産党に反革命分子としての評価を徹底させました。

※1918年11月6日付けのプラウダにスターリン自身が次のように書いています。

「蜂起を実際組織する仕事は全部、ペトログラード・ソビエトの議長、同志トロツキーの直接指導の下で行われた。駐屯部隊が迅速にソビエト側に移行したことと、軍事革命委員会の仕事ぶりが巧妙であったことについて、党は誰よりもまず第一に、主として同志トロツキーに負うであることを確信をもって断言することができる」（猪木正道『共産主義の系譜』角川ソフィア文庫）。

なお、トロツキーの評価と我が国における「トロツキスト」と言われた集団の評価は全く別の問題です。詳しくは拙著『ポスト資本主義のためにマルクスを乗り越える』（かもがわ出版）を参照してください（81～90頁）。

1979年ソビエトがアフガニスタンに侵略したことを契機に不破哲三氏は「スターリンと大国主義」という論文を「赤旗」に掲載し、のちに単行本にしましたが、あくまでも個人論文であり党としての批判的総括はしないままに来ましたし、トロツキー再評価の問題では不破哲三氏などによる個人論文もありません。

ところで日本共産党員の多くの人は、不破哲三氏の「スターリンと大国主義」を読んで「不破さんは、よく書いた」として、不破氏が「スターリン批判を本格的に最初に書いた人」と思っている節がありますが、そんなことはありません。国際的によく知られている研究書としては1968年にメドヴェージェフが『共産主義とはなにか』という本を出版し、日本でも石堂清倫訳で三一書房から1973年に出版されています。続いて1975年にフランスのエレンステンが出版し大津真作訳で『スターリン現象の歴史』が大月書店から1978年に出版されています。そして日本人の研究者では、中野徹三・高岡健次郎・藤井一行編著で1977年に『スターリン問題研究序説』（大月書店）が出版されています。いずれも不破氏の『スターリンと大国主義』よりも広範囲にスターリン批判を行った大部な本です。私はいずれも１９７８年に読了しています（当時、私は読了した年月日を本の表紙に書き込む習慣があったので、本箱にある古い本でも何時読んだかわかります）。

2、グラムシ評価と人民的議会主義

１９５０年代後半から60年代にかけて共産党では「51年綱領」に代わる新しい綱領が探求されました。その時の論点として①日本の現状をどう見るか、②それとかかわって革命の戦略的方向をどう定めるか、③革命を進める方策をどうするか、の三点がありました。①について、論者の間で日本が高度に発達した資本主義国であることは一致していたし、アメリカ帝国主義に従属していることも一致していました。②について、宮本等は従属の問題を重視し革命はまず反帝反独占の民主主義革命を行い、そこから連続的に社会主義に移行する二段階革命を主張しました。それに対して反対派の多くは、従属問題は社会主義革命の過程で解決していく問題であると論じました。私は当時も今も、宮本らが説いた二段階連続革命論の方が妥当と思っています。

問題は③の革命を進める方策です。反対派の多くが構造改革論を唱えました。つまりイタリアのグラムシ等が唱えた理論の日本版です。これは、権力を握るためには国民各層の中で多数派となりイニシアチブを取らなければならず、また革命を目指す政府ができてもそれは権力の一部であり政府を守るためにはあらゆる職場・地域・学園で多数派でなければならないのであって、そうして多数派形成の度合いに応じて暫時社会を変えていくというものでした。それに対して宮本らは「改良主義」「権力論があいまいだ」と批判を加えました。しかし1970年代になって宮本らは人民的議会主義を唱え、同じようなことを言いだします。それではあれほどまでに構造改革論を批判したことは何だったのかという事が問われます。なおこの時期に党内や党の周辺で構造改革論を述べ共産党から排除された多くの人は社会党系の理論家となっていきました。

詳しくは拙著『ポスト資本主義のために マルクスを乗り越える』（かもがわ出版）を参照してください（57～61頁）。

3、「執権論」について

1970年の第11回党大会を通じて共産党は「人民的議会主義」（つまり議会を通じて社会を変えていくという立場）を明確にしました。そうするとレーニンなどの革命論・国家論と明確に矛盾をきたしました。マルクスやレーニンは革命権力のことを「プロレタリアートのディクタツーラ」と言っていましたが、それを共産党は「プロレタリアートの独裁」と訳して使っていました。レーニンはディクタツーラのことを「いかなる法律にも制約されず、ただ暴力のみに立脚した権力である」としていました。しかしこれは日本の革命には当てはまりません。そこで共産党は、ディクタツーラを共和制ローマの時代において、戦争など国家非常事態に直面した時、シーザーなどに一時的に権力を委譲した時に使ったとして、「執権」と訳すことにしました。しかしそれでは鎌倉幕府において北条家が名乗った「執権」を想起させることになり、「労働者階級の権力」と言い改められることになります。しかし「特定の階級である労働者階級の権力を打ち立てるのか」という問題に遭遇し、「社会主義の権力」に改められました。

この経過が示すことは、「マルクス主義を堅持」している限り、政党としての共産党にはこのような無駄な研究と全党員を巻き込んだ学習運動が必要となることです。そんなことに力を使わず、「選挙で社会主義を志向する勢力が多数派になれば、国民合意を得ながらゆっくりと社会主義に向かう」、つまり現在の日本国憲法に基づいて立法化によって社会を変えていくとすればよいのです。

この当時、不破哲三氏は「科学的社会主義と執権問題」と言う長い論文を「赤旗」（１９７６年４月27日～5月８日）に連載しました。不破氏はこの論文で、「マルクス・エンゲルス全集」全40巻45冊の中で「執権」という言葉が使われてるのは12本の論文だけであり、そこで使われている「執権」

とは、通常使われている「独裁」という特定の政治形態を示すものではなく、「労働者階級が全権力を掌握する」という意味で使われている、と述べました。

当時私は、京都府委員会の知識人委員会のメンバーとして、京都大学の大学院党組織に説明に出かけました。その時、西洋社会思想史を研究している博士課程の院生から、「鈴木さん、そして不破さんが言っておられる『マル・エン全集』は多分、ドイツ語版のことと思いますが何版のことですか」と質問されました。私は「すみません、私は大月書店の日本語版しか読んでいませんので、その質問には答えられません」と答えました。そうなのです。日本における社会変革は、レーニンが述べて実行した「暴力革命」や「何ら法律によって制限されない暴力にのみに立脚した権力」などという考え方を採用しないことは明確です。一方で、マルクスがディクタツーラと言う言葉で述べたのは「全権力の掌握を述べたのであって、権力の独裁的形態を意味していない」との主張が正しいかどうかは、原文を読む力がなくては無理なのです。しかし先に述べたように、我々は議会を通じて立法措置によって一歩一歩社会を変えていくという見地さえ明確に出来ればいいのであって、マルクスのディクタツーラという言葉についての正確な理解などいらないのです。

私は不破氏のこの論文が出た時、『マル・エン全集』を引っ張り出し不破氏が言う12本の論文を探して読みましたが、執権論の解明にはほとんど意味がなかったし、院生の質問で「ディクタツーラは独裁的権力のことか、全権力の掌握のことか」を解明する点でも意味のないことに気が付きました。私はこれ以来、不破氏のこうした論文が出た時、彼が引用した『マル・エン全集』の該当する箇所を探して読み込むということはやめ、その論文の趣旨が妥当かどうかだけを判断基準にすることにしてきました。

ディクタツーラは独裁的権力のことか、全権力の掌握のことかは書誌学者にとっては研究テーマになるかもしれませんが、現実世界の変革のために闘っている政党としては、ほとんど意味のないことです。不破氏が在野の研究者であれば自由に研究してもらったら良いし、その分野の専門家と論争されたらいいのです。しかし党の常任幹部会員、社研の所長として誰からも批判されずに自分の「研究成果」を全党に学ばさせようとされるなら、党としては迷惑なことであり、止めていただきたいと思っています。

4、混迷してきた社会主義についての評価

①「ソビエトは社会主義でなんでもなかった」

１９９１年にソビエトの社会主義が崩壊し、資本主義に転換しました。この時、宮本議長は「あれは社会主義でもなんでもなかった。巨悪の崩壊はもろ手をあげて万歳」と言いました。それから

既に30余年がたちましたが、この見解は変えられていません。それまで宮本氏も不破氏も「遅れた国から社会主義になった制約性のある社会主義」とか「生成期の社会主義」と評価していましたが、「社会主義ではない」とは言っていませんでした。もちろん公文書館などから出てきた新しい資料から評価を変えることはありえます。しかしその場合は、従来の認識が「不十分であった」「間違いであった」と言わなければ、その議論の誠実さが疑われます。

② 「自主独立の我が党だけが残った」

東欧・ソビエトが崩壊した時、西ヨーロッパの共産党は相次いで党名を「共産党」から「社会民主党」や「左翼戦線」などに変えました。これに対して宮本顕治氏らは「彼らはソビエト盲従であったから、ソビエト共産党が解散すれば、共産党を名乗り続けることが出来ず、崩壊し社民党になった」「我が党は自主独立を貫き、ソビエト共産党と闘い続けて来た。我が党が言ってきたことが正しかったのであり、日本共産党という名は誇りにこそあれ、改名する必要は全くない」と述べました。この論はある範囲では正しいけれども、ある面では極めて不正確でした。

日本共産党が自主独立を貫きソビエト共産党の乱暴な干渉と闘い党の存立を守ったことは事実だし貴重な闘いでした。だからこそソビエト共産党が解散しても、日本共産党を解散することも名前を変える必要もありませんでした。ヨーロッパの党が名前を変えたのは、先に記したように56年のスターリン批判以降、党内外でコミンテルンとその支部であった自国の共産党について検討を開始していて、〇〇共産党と言う名でいかに間違ったことを行い自国の社会運動の発展にとって有害な事を行っていたかを解明しつつあった頃です。その作業とかかわってソビエト共産党が解散する前から、既に分派禁止規定の廃止を行い、党内外での執筆・論争を認めていたし、民主集中制の是非も検討していました。そこへコミンテルンの中心であったソビエト共産党が解散したので、党の名称についてもコミンテルン時代からの共産党を名乗ることを止め、元の社会民主党などに改名して再出発したのです。同時にコミンテルン以来の組織原則である民主集中制も正式に止めたのです。日本共産党が宮本体制のもと自主独立を貫いたことは誇りある闘いでした。同時にレーニン・コミンテルン型の党の在り方について検討しなかったことは不幸なことでした。

フランス共産党やイタリア共産党が「分派の容認」などに踏み切ったのは俗に言われるようなソビエト崩壊以降ではありません。西ヨーロッパはソビエトと陸続きであり国民の往来もありスターリン体制の実態も早くから知られていました。そこで先に記したように1956年のスターリン批判以降、コミンテルンやその支部としての自国の共産党についての見直しを開始していました。そして1970年代中期から日本共産党と同様に陰りが生じ党勢も大きく後退し始めていました。またソ連自身も官僚主義的国家運営から行き詰まりを示していました。そうしたことから以下のように路線改革と同時に党の組織論についても見直しを開始していたのです。

〈イタリア共産党〉

1976年、大会で「プロレタリア独裁」の用語を放棄。

1986年、規約において、決定される多数派の立場と異なる立場を公然たる形において保持し、主張する権利を明記する。

1988年、第18回党大会において民主集中制を放棄し、分派禁止規定を削除した。

〈フランス共産党〉

1976年、第22回党大会で「プロレタリア独裁」理論を放棄する。

1985年、第25回党大会頃より党外マスコミで批判的意見発表の規制しなくなる。

1994年、第28回党大会で民主集中制を放棄。

フランス共産党の民主集中制放棄は、賛成1530人、反対512人、棄権414人という採決結果でした。ソ連崩壊後、ソ連の失敗はマルクス主義の失敗であったとして、マルクス主義の立場を取らないことを宣言しました。

③天安門事件を反省しない中国共産党を「誠実な党」と評価して正常化を図った

1997年、日本共産党は中国共産党と正常化を図りました。もともと1966年に中国において毛沢東等が「文化大革命」という名で暴力的に国家の指導権を握ろうとしていた時、それを支持しない日本共産党などに対して乱暴な干渉を行い党と党の関係が断絶していました。正常化にあたって不破哲三氏は、「中国共産党の方から、断絶の責任は我々の側にあった」と「誠実に対応してきたので関係回復を行った」と説明しました。

しかし1989年6月4日、胡耀邦総書記の死去を弔う人々が天安門に集まり、やがて民主化を叫ぶようになった人々を、鄧小平が軍隊を使って弾圧し少なくとも2000名を超える人々を虐殺していました。当時、日本共産党を含め世界中が批判し中国への制裁も行いました。しかし中国共産党は誤りを認めず国民にも謝罪もしていないどころか「天安門事件」という言葉自体を禁句とし、今日に至るもインターネット上でも「天安門事件」という言葉は国家の情報管理組織が削除していいます。にもかかわらず日本共産党は「中国共産党は誠実な対応をしている」と評価し、正常化を図ったのです。

私は当時「天安門事件の誤りさえ認めない中国共産党を誠実な党として評価するのは間違いだと」言い物議をかもしていました。要するに中国共産党は天安門事件で国際孤立をする中で、そこから脱出するために日本共産党など様々な組織との関係回復を追求していたのです。「党関係をつぶしたのは我々の側にあった」と謝罪するぐらいのことは中国共産党にとっては、ありうる手立てであったと考えられます。志位委員長・貴方は日本共産党が「中国共産党は誠実な態度を取っていたので、党と党の関係を正常化した」との判断は正しかったと思っていますか。明確にする必要があると思います。

なおメーデーの時期、メーデーを思い浮かばせるような天安門広場を赤旗を持ったデモが行われている映像が、テレビなどで流される場合があります。しかし天安門事件以来、天安門広場でメーデーの集会や行進は行われていません。それどころか中国の何処でもメーデーの日に集会や行進は行われていません。そんなことをさせれば中国政府や中国共産党に対する抗議集会や行進になる危険を感じるので、認められていないのです。中国で認められる集会や行進は「反日デモや集会」など外国に対する抗議行動だけです。国民はそれを分かっているので、こうした官製の集会や行進に入り「愛国無罪」などのスローガンを掲げ日系のデパートなどへの破壊活動を行い鬱憤ばらしを行ったりしています。

④中国・ベトナム・キューバを社会主義を目指している国と規定

共産党は1991年にソビエトが崩壊したことを踏まえ「それでは社会主義の展望はどうなるのか」と言う疑問に対して、中国・ベトナム・キューバは社会主義を目指している国と評価しました。そして共産党は、「社会主義的計画経済と市場主義を結合し、新しい創造的探求を行っている」として、中国共産党やベトナム共産党が言っているのと同じことを言いだしました。不破氏は中国やベトナムの共産党に招待され、そこでのシンポジウムでそのようなことを講演し拍手喝采を受けていました。

しかし「社会主義的計画経済と市場主義の結合」自体が難しい問題ですが、中国やベトナムはトヨタやフォードなど資本主義の代表的企業を誘致し投資を促進していたのであり、文字通り資本主義を導入していました。多くの日本の中小企業は、中国の安い賃金の低価格製品に脅かされアルバイト・契約社員によってしのぐか、一党独裁の中国へ進出するのかの二者選択を迫られ困っていたにもかかわらず、不破哲三氏らは「中国は創造的探求を行っている」と美化していたのです。しかしそのような言辞が通用するわけはなく、経済的躍進に伴う大国化を背景とした乱暴な大国主義・覇権主義を理由にして、共産党は「中国はもはや社会主義国を目指している国とは言えない」としました。しかし大国化の要因となった改革開放などの経済政策による資本主義化については触れませんでした。それに対する疑問については「内政干渉になる」として評価をすることを拒否しました。その一方で同じく資本主義を導入しているベトナムのドイモイ政策に対しては、「期待している」と相矛盾する評価を下しています。そのベトナムとは引き続き「理論探求シンポジウム」を開催し、不破氏そして志位委員長・貴方が対応してきました。

要するに不破氏等は、日本共産党は国際的に孤立せず中国やベトナムの共産党から高く評価されている、ソビエトは崩壊したが中国やベトナムは新しい社会主義に向かって創造的探求を行っていると主張することによって、社会主義への展望があるかのように示そうとしたのです。

私は公私併せて中国はウイグル、チベットを含めて全省を回っています。仕事で胡錦濤や温家宝、王毅など国家指導者と面談をするとともに、個人的には貴州省などの山奥や少数民族地域にも入ってきました。そこで極端な貧富の格差や党指導部のすさまじい腐敗も見てきました。不破氏が説く「新しい社会主義に向かって社会主義的計画経済と市場経済の創造的結合している中国」などは、全く事実に即さないのです。そのため私は、「不破氏は自分たちの社会主義の新しい創造的発展という政治的主張のためには、平気で事実を無視して理論をこね回す人だ」と思っていました。私を含め日本共産党員で仕事で中国に多面的に入っている人はたくさんいました。そういう人たちを集めて意見を聞けば、不破氏などの「創造的探求を行っている国」などという馬鹿げた規定にはならなかったと思います。しかし不破氏も志位委員長・貴方も私たちから聞く耳は持たれませんでした。それから20数年経った2020年の第28回大会において「中国はその乱暴な大国主義からもはや社会主義とは言えない」と言うと同時に、志位委員長・貴方は「その経済の在り方について言うことは内政干渉になるので言えない」としています。野党で権力にかかわっていない共産党が中国経済について分析し評価を述べることがなぜ内政干渉になるのですか。要するにかつて不破氏等が「中国は社会主義計画経済と市場経済を結合し創造的探求を行っている」と言っていたことが全く誤っていたことを認めたくないだけではありませんか。こういう風に国民にかつて言っていたことが間違っていたことを認めないという態度こそ、国民が共産党を信用しきれない要因になっていることを分かってください。

⑤社会主義は現実の政治目標となるのか

共産党は「中国はもはや社会主義を目指しているとは言えない」「キューバが独裁国家ベネズエラを支持しているのは遺憾である」などを表明せざるを得なくなりました。そこに至って「それでは社会主義の展望は」との疑問が広がる中で、共産党は「そもそも社会主義・共産主義はマルクスが述べているように資本主義の先進国からの変革が大道である」と言い出しました。

しかしマルクスがそのようなことを言ったのは170年も前のことです。以来、一度も先進国から社会主義に移行した国はありません。それどころか先進国において社会主義・共産主義を目指す大衆的な共産党が存在しているのは日本のみで、それも暫時その影響力を失っているにもかかわらず「先進国での社会主義・共産主義への移行が大道である」との主張は、もはや共産党中央委員会自体が共産主義を政治目標と出来なくなりつつある姿を示しています。

そして実際、61年綱領においては「高度に発達した資本主義国における反帝反独占の民主主義革命は連続的に社会主義革命に移行していく」としていましたが、現在の綱領では、連続的にという言葉を削り「社会主義的変革が課題となる」に変え、さらに「社会主義的変革は……長期の過程である」と書き政治目標としなくなっています。

それどころか１９７０年の第11回党大会においては「民主連合政府を70年代の遅くない時期に」と言っていたものを、１９９７年の第21回党大会においては「民主連合政府を21世紀の遅くない時期に」と言っています。「70年代の遅くない時期に」ということ自体、極めて願望的スローガンでしたが政治目標としてはありえました。しかし「民主連合政府を21世紀の遅くない時期に」に至っては政治目標とは言えません。そして「民主連合政府の樹立でさえ１００年単位」先のこととして言っているのですから、「社会主義・共産主義」の展望などは、もっと先の事なのです。つまり２００年３００年先のことであり、それは現実の世界において政治闘争を行い改革を提起する政党の目標とはならないことは余りにも明白なことです。

にもかかわらず党を代表する理論家である不破哲三氏は、マルクスを引用して詳細な「共産主義社会について」の論述を繰り返し行い、党員への学習を呼び掛けています。ここまで来ると「マルクス流共産主義を掲げる思想集団」としか言いようがなくなっています。そして不破流ではないことを述べる人に対して「真のマルクス主義者ではない」などと、カトリック教団の聖書解釈問答のようなことを言って切り捨てています。これでは国民的団結の要の役割を果たすことはできません。不破氏は党幹部を辞め、一人の在野のマルクス文献研究家になるべきです。そうであれば多くのマルクス研究家から批判の対象となるでしょう。しかし不破氏が党の常任幹部会員で社研の所長である限り、批判の対象にしにくく、間違ったことを述べても相手にもされず、独りよがりな論を展開することになります。

私は先に紹介した拙著『ポスト資本主義のためにマルクスを乗り越える』（かもがわ出版）の中で、不破氏の「ゴータ綱領批判」の読み方は間違っている、と例を挙げて批判しています（47～52頁）。マルクス経済学者として知られている川上則道氏（共産党から野呂栄太郎賞を受賞）は『本当にマルクスは書いたのか、エンゲルスは見落としたのか』（本の泉社）の中で、不破哲三氏の資本論叙述において「再生産論と恐慌の関係について、マルクスが書いていないことを不破氏がかってに書き込んでいる」と批判しています。不破氏が常任幹部会委員を辞め一人の在野の研究者になれば不破理論批判が一気に吹き出すでしょう。

常任幹部会員で社研所長である不破氏のマルクス研究と彼の恣意的なマルクス理論の党員への学習奨励は党と党員にとっては不幸なことです。不破氏はかつて老害をもたらしつつあった宮本議長に対して、「私が引退すべきである、と説得して下りてもらった」と自慢げに語っていました。その宮本氏が引退した年齢88歳をさらに上回り、党に老害をもたらしているにもかかわらず、自ら「引退する」と言わないのは間違いです。結局他党を含めて社会に定着している選挙制・定年制・任期制を日本共産党にも導入しないと駄目なのです。

5、ゴルバチョフの評価を見直す必要はないのか

２０２２年8月30日、ソビエトの最後の指導者、初代大統領ゴルバチョフが亡くなりました。彼は対外的には「新思考外交」、国内的には「ペレストロイカ（改革）・グラスノチ（情報公開）」を進めました。

これに対して、日本共産党は「レーニン以来最大の誤り」と批判していました。当時共産党は「レーニンは正しい」という立場に立っていました。ゴルバチョフは「新思考外交」の名において対外的には冷戦終結を行い、アフガニスタンからの撤兵、ＮＡＴＯとの間での中距離弾道弾の相互削減に踏み切っていました。宮本氏や不破氏はそうした具体的な政治については評価せず、「ゴルバチョフは人類的課題の解決を言うことによって階級闘争を否定している」と批判していました。しかしゴルバチョフは国内的には共産党の独占的地位を撤廃し、選挙による大統領制を導入し初代大統領に選ばれ就任していました。これは日本共産党が言う一党制の否定、選挙による政権交代の実践でもありました。宮本氏や不破氏が言っていたように、「レーニン以来最大の誤り」という事になれば、「スターリンより悪い」ということになりますが、それは正しかったのでしょうか。

ゴルバチョフは社会主義ソビエトの行き詰まりを打破し、民主化・発展を図ろうとしました。そ

れに対して、ソ連共産党中央委員会の保守派はゴルバチョフを拘束しクーデターを行おうとしましたが、ロシア大統領エリツィンに阻まれ共産党は解散に追い込まれました。そして国民はゴルバチョフが提唱する社会主義の下での改革を乗り越え、エリツィンが主張する資本主義への転換へ進みました。

志位委員長・貴方は、今でもゴルバチョフの改革を・レーニン以来最大の誤りと言うのでしょうか。その根源的な問いかけに答えなければなりません。なお当時、ソビエトはアメリカの人口を少し上回る2億9303万人の人口で、GDPは半分でしたが、核兵器を含めた軍事費は同程度、社会福祉制度ではアメリカをはるかに上回っていました。したがって誰が指導者であって、どういう志向をしていたとしても、現実を認めれば軍縮・経済改革・福祉削減にいかざるを得ませんでした。ゴルバチョフは社会主義の民主化によってそれを進めようとしましたが、保守派はそれを妨害しクーデターまがいのことをやろうとして失敗し、一気に崩壊・資本主義に向かったのです。ゴルバチョフは資本主義へ向かうことを志向していませんでしたが、保守派の反動的クーデーターの失敗によって歴史と民衆は彼を飛び越えたのです。資本主義に向かったことを彼の直接的責任とする論調は史実に即していないということだけは指摘しておきます。

6、「社会主義国」の位置づけ、評価をめぐって

ところで当時、革新勢力の一部は、東欧やソ連が社会主義を放棄し資本主義になったことを「歴史の逆流」ととらえていました。つまり社会は奴隷制社会・封建制社会から資本主義社会、そして社会主義社会へと進歩していくのだが、東欧やソビエトは社会主義から資本主義に逆流したととらえたのでした。その論から言うと、東欧・そしてロシアは再び社会主義社会になるし、ならなければならないということになります。東欧でも45年、ロシアでは73年間「社会主義社会」を体験したのです。社会主義の名の下に共産党の一党独裁体制、硬直した経済の行き詰まりを体験し破綻したのです。その彼らがもう一度「今度は本物の社会主義を目指す」というのは難しい。そもそもそうした歴史の必然とか進歩とか言っている人が、「70年」も歴史が逆流するという捉えかたをすること自体がおかしいと思わないのですか。

私の仮説を言いましょう。レーニンや毛沢東は主観的意図としては「社会主義を目指した革命」を行ったのでしょうが、それは大局的に言うと資本主義の初期的段階を含んだ半封建的王朝であったツァーリ王朝や、清王朝を倒しましたが、その経済的・政治的・文化的基盤から社会主義へ移行することは出来ませんでした。そして、共産党独裁政権の下でアメリカを先頭とする資本主義国による「経済封鎖」もあり、圧倒的多数を占める農民からの収奪により「本源的蓄積」を行い工業化

したものの、独裁体制下の硬直した計画経済が破綻し「社会主義に行きつく前に崩壊した」と考えざるを得ないと思います。したがって大きな歴史の中で見れば客観的には資本主義へ向かう独特の過渡期の政権・社会であったと言わざるを得ないでしょう。

ソビエトの崩壊と資本主義化、中国の改革開放による資本主義の導入による飛躍的発展、それらによって資本主義は本格的に地球的規模に広がりました。ただし自制なき横暴資本主義として、気候変動など人類全体に被害をもたらしながらです。したがって現在は、各国を基礎にしながらも地球規模で人類的課題の解決のために国際的に共同して闘う事が必要な時代といえるでしょう。社会主義・共産主義をどう規定するかは別にして、一国単位で社会主義に到達することはありえません。そういう点では社会進歩・変革について従来的思考を根本的に見直さなければならないでしょう。残念ながら志位委員長・貴方を含めて共産党の幹部の論文からは現実をリアルに見て大局的な見地から人類の将来を追求しようとする理論的営みは見られません。どう思われますか。

私は私の意見が絶対だなとど思っていません。要するに東欧・ソビエトの崩壊と資本主義化、中国・ベトナムでの社会主義経済の行き詰まりと資本主義導入による大発展という現実の前に、我々は新しい理論的研究をしなければならないし、それは自由で対等平等で開かれた研究・討論でしか出てこないということです。

私は、不破氏一人が「マルクス主義の解釈権を持っている」ような閉ざされた独占的なやり方では、マルクス主義文献のタコつぼ式解釈論から出られないと思いますが、志位委員長・貴方はどう考えますか。

第六章

新たな前進を遂げるために分析・総括しておくべきこと

1、革新勢力が前進し困難に陥った要因

敗戦後から70年代後半80年代前半ぐらい頃まで（50年問題の時期は別にして）、日本共産党が前進し社会的に一定の位置を占められたのは、宮本路線が正しかっただけではありません。社会党はそれ以上に大きな位置を占め片山内閣・村山内閣と二度政権についたりもしました。しかし80年代中頃以降、社会的条件が大きく変わったことにより社会主義を志向する社会党・共産党などの革新勢力は後退することになったのです。

戦後から80年代半ばまで革新勢力が前進したのは、それぞれが奮闘しただけではありませんでした。それをもたらした社会的条件もあったのです。それを理解しないと「60年代・70年代の躍進」を過信することになり、同じことを繰り返してしまうため、前進はできないことになります。今大切な事は国民と党が置かれている現状に基づいて、どのように党活動し党建設を進めるのかを、事実に基づいて広く党内外の多様な人々と対等平等で自由な意見交換と共同行動を行い、現場の党員の意見を聞いて提起することです。

①反戦平和の社会的合意　第二次世界大戦では３１０万人の死者が生まれ、１００を超える日本の主要都市が破壊されたため、日本国民は、親類縁者で死ななかった人、家を焼かれた人がいないと

いう国民的戦争体験をしました※。そのため反戦平和の思いが定着し、広島・長崎の体験からの反核は国民的合意でした。したがって社会主義的志向への賛意はどうあれ、反戦・反核・平和を説く社会党・共産党は国民的に相当数の支持を得られる社会的基盤がありました。

※戦争末期、私と母は母方の祖母・叔父が暮らしていた京都に疎開していましたが、父の実家は1945年6月15日の大阪空襲で全焼しました。その家を預かっていた父の弟夫婦は、乳飲み子の従弟を背中に背負って裏の川に飛び込み、かろうじて命は助かりました。法事などで会った時、いつも「あの時ほど怖かったことはなかった」との体験話を聞いてきました。また親類の人で夫と弟を戦死させた人がいて、母子家庭で苦労していていたことを見聞きして育ちました。私の高校時代まで校区であった国鉄大阪環状線の森ノ宮駅から玉造を経て京橋までの二駅分の線路の両側は、現在の爆撃されたウクライナの都市のような状態のままでした。この地域は東洋最大の軍需工場でした。一般の住宅街は木造ですから焼夷弾で焼かれましたが、戦後2～3年もすれば安普請でも再建されました。しかし軍需工場はコンクリート・レンガ造りのために爆弾で破壊され当時の貧しい日本では撤去できなかったのです。私は高校卒業までこれを見て育ちました。私を含めて年配の人の大半は大なり小なりこうした経験を持っているのです。志位委員長・貴方は、戦後日本の反戦・平和を願う源泉・エネルギーがここにあることを理解し共感を示して、安全保障論を提起しなければならないと思いますがいかがですか。

次に記す高度成長によって日本独占は多国籍企業化し、海外投資で得られる収入が大きな位置を占めはじめると共に、大企業労働者のなかに大国主義、軍拡主義が生まれはじめました。社会党・共産党などの革新勢力は日本独占の復活への批判と併せた軍国主義への警告によってその存在意義を打ち出しました。ところが冷戦の崩壊に続いて、中国・ロシアが大国として復活し、軍事的恫喝威嚇をするにとどまらず力に任せて覇権行動を取るようになりました。今や国民は「日本が侵略する危険」より「日本が侵略される危険」を感じ始めており、従来の「平和論」「安全保障論」だけではすまない状況が生まれてきました。これに対する新たな対応が求められています。その中で自公政権が説く安全保障論になびく傾向も生まれており、原則的な探求が必要となっていますが、この対応が遅れはじめており窮地にたってきているのが現状です。

②高度成長　日本社会党そして日本共産党は、高度成長が生み出した公害問題などの社会問題を取り上げ闘いました。またそれらを背景とした革新自治体作りにも力を入れました。高度成長の始まりとともに労働組合は春闘方式で闘い、労働者の処遇は大幅に改善されました。そして1960年を境に国民皆年金・皆保険制度が出来、福祉社会づくりへ歩み始めたのです。

ところが1989年のバブル崩壊によって高度成長は終わり、「失われた10年」は「20年」そしてついに「30年」となり、日本は長期の停滞社会となりました。人口は停滞するどころか少子（減少）

高齢化社会が進行する社会となります。それに伴った企業の経営難、自治体の財政難の広がりが労働運動の停滞・後退、自治体闘争の縮小・革新自治体の崩壊につながりました。そのためかつての高度成長期の運動を追い求めても駄目な時代が続いています。

③「社会主義革命」の進展、ソビエト社会主義の存在と崩壊　1917年のソビエト革命（1924年のモンゴルの社会主義化はあるが日本を含めて世界にはほとんど影響はなかった）に続いて、第二次大戦後、東欧・中国・ベトナム・キューバ・北朝鮮が「社会主義」へ移行したことによって、世界は「資本主義から社会主義の時代」「資本主義と社会主義が併存する時代」という認識を多くの人々に与え、社会の革新・進歩という考えが国民の間に広がりました。また前記の福祉社会づくりにあたってソビエトが与えた影響は大きいものでした。「社会主義国」ソ連において大学までの教育の無料化、水準の高い国民皆保険・皆年金が実現していたことが、日本を含めて先進国において福祉国家づくりを勝ち取る大きな力になったし、「社会主義の優位性」を語る証になりました。

ところが80年代から社会主義国の停滞があらわになり、ついに1991年にソビエトは崩壊し資本主義国となり、行き詰っていた中国・ベトナムは改革開放・ドイモイの名により資本主義を導入し大発展を遂げるという事態が生じました。ここに「社会主義の優位性」は消え去っただけではなく、「新自由主義」の名による横暴資本主義が世界を覆いはじめ、先進国における福祉政策・労働政策も破壊されはじめ、それを食い止めるのが精いっぱいという事態となっています。

2、余りにも多くの知識人を切り捨てて来たことに真摯な反省を

先に記したように第二次世界大戦後、社会党や共産党が一定の支持を得られたのには、みずからの努力とともに、それなりの社会的背景がありました。反戦平和の国民的合意・高度成長・社会主義ソビエトの存在等々です。しかしそのいずれもが無くなって以降、停滞・後退が始まりました。それではそうした新しい状況をふまえた打開の新しい展望を打ち出せているかというと、そうでないから国民的支持を広げられないどころか後退しています。

そこにさらに新しい状況が生まれています。①新自由主義に基づくグローバリゼーションの進展によって世界的に格差と貧困がひろがり、人類の生存さえ脅かす気候変動となり、そうした中で先進国共通の現象として排外主義的右翼潮流が増大していること。②スペイン風邪以来100年ぶりにコロナが世界的大流行を起こしグローバリゼーションに急ブレーキがかかっていること。③核大国ロシアによって「核兵器の使用もある」との恫喝の下、ウクライナ侵略が行われ戦後の国際秩序が破壊させられつつあること。さらに中国が「台湾の武力解放も辞さない」と公言して大規模な軍

事演習を行っていること。こうした下で従来の方針では対応できなくなっています。

これらを打開する方針を、小さくなり多彩な理論家も居なくなった共産党指導部だけで打ち出せないことは明白です。共産党は多種多様な理論家と胸襟を開いて、対等平等の開かれたシンポジウムなどを開催し、それに基づく様々な共同行動の一翼を担う努力をすべきでしょう。ただそのためには、日本の知識人に対してとった過去の誤った言動に真摯な反省の態度を示すべきでしょう。

１９７０年代中期、躍進してきた共産党に「宮本路線」の限界が見えてきていました。政治路線というより宮本流「民主集中制」の組織路線にたいして疑問が生じ始めていました。その時「マルクス主義陣営」に属していた政治学者である藤井一行・田口富久治・加藤哲郎らが批判的再検討を提起しました。それにたいして当時書記局長であった不破哲三氏が中心となって「赤旗」「前衛」などで批判を行いました。

（１）藤井一行氏の問題

藤井一行氏は１９７８年９月『民主集中制と党内民主主義――レーニン時代の歴史的考察』（青木書店）という本を出版しました。そこでは現在（１９７０年代中期）共産党が採用している民主主義的中央集権制において、分派の禁止や、党員の自由な意見表明を認めていないことは、スターリン時代の党の在り方を反映したものであり、レーニンの時代は必ずしもそうではなかったこと、ボルシェビキやメンシェビキの存在など諸潮流が存在していたこと、また機関紙上において自由な論争・批判が行われていたことなど、「批判の自由と行動の統一」が行われていた党であったことを明らかにしました。そして、現在の日本共産党がとっている党運営の在り方を改革するべきであるとの趣旨の見解を示しました。

不破哲三氏は、それはレーニンの見解を自分の都合のように取り出したものであると批判しました。その根拠として述べたのは、ロシア社会民主労働者党が1898年の創立以来、様々な潮流が存在する第二インターナショナル的な党であったこと、それにたいしてレーニンは真に革命勢力による新しい形の党の確立を追求していたこと、そして1910年の中央委員会総会において分派の禁止が決められ、1912年のプラハ協議会においてメンシェビキなどの日和見主義グループと絶縁しボルシェビキによる真に革命的な新しい党が確立されたことなどでした。そうして、藤井氏はプラハ協議会以前の党の姿を持ち出してわが党の民主集中制を批判しているが、レーニンを冒涜するものであると批判したのです。

当時私は、この不破氏の批判を読んで「残念ながら藤井氏の負けだ」と思いました。それは日本の現状における党の在り方で論争するのではなく、レーニンの文献に基づく論証を議論の舞台とするようでは、ある意味では不破氏的な論述が可能だからです。

レーニンの党建設論の前提は、専制的なツァーリ支配の下での革命党のあり方、つまり非合法下において少数の職業革命家を中心とした党による武装蜂起によって革命をなしとげる党をどう作るかというものでした。そうした中でロシアの情勢や、党の構成の変化の中で、その細部の見解は変化していました。つまり全国的な集権制と地方の党組織（当時、委員会と言われていた）の自由（自治）の関係が時期によって変わっていたのです。そうした点でレーニンの民主集中制そのものも時代によって打ち出しが変わっていて、不破氏的論述も可能だったのです。

私はそうではなく発達した資本主義国で共産党も合法化され、国民主権の下、国会において社会主義を目指す統一戦線勢力が多数を占めて社会を変えるという変革のあり方を追求する党のあり方はどうあるべきであるかを論争し追求すべき問題であると考えていました。しかし当時は藤井氏もレーニンは正しくスターリンによってレーニンの説がゆがめられていき今日の民主集中制の姿になったとの論を展開したのです。そのため、不破氏がレーニンの説の解釈論争に持ち込み、そこに終始することになったのです。

私は、今回改めて不破氏の『現代の前衛党論』（新日本出版社）に収録されている不破氏の批判論文「レーニンの党組織の歴史について」と藤井氏の「民主集中制と党内民主主義」（青木書店）を読んでみました。藤井氏の論文はレーニンの党の在り方に終始するもので、現代の党の在り方について論述していない弱点があり、そこを不破氏が突いたのであることが分かります。藤井氏は実に詳細にレーニンの党理論を歴史的経緯に基づき検証し、その中で今日に生かすべきものを引き出す作業をしていました。それにたいして不破氏はレーニンの後半、専制国家での少数者による武装蜂起による革命を遂行しようとした「民主集中制」を擁護するのみならず、それを現代においても採用することを主張していることがよくわかる論であり、そこが根本的な問題でした。

(2) 田口富久治氏の問題

田口富久治氏は1976年雑誌「世界」7月号に「先進国革命とその国家体制」という論文を発表して以来、ほぼ2年余り、前衛党の組織形態である民主集中制について批判的論述を行いました。これに対して不破哲三氏が「前衛」などで繰り返し批判します。

田口氏の論は一言で要約すれば、フランスの政治学者デュヴェルジェの「支配政党の体質が政権の運営に大きな影響を及ぼす」を援用しながら「共産党が社会主義においても複数政党制や政権交代・言論の自由の保障を説いていても、共産党が民主集中制を採用したまま政権の中心に座れば独裁的傾向を強めるので、そうした危険を防ぐためには党運営の民主化を図っておかなければならない」と論述するものでした。これに対して不破氏は「民主集中制は革命政党として当然の自律的規約運営であり、それと別個の国家の政治制度を混同して批判することは反動勢力の民主集中制攻撃に呼応したものだ」と批判しました。

党の自律的規約や運営の問題と国家の関係については後で論ずることにしますが、田口氏は先に論じた藤井氏の論拠と同様に、レーニン時代の党は「批判の自由と行動の統一」という運営を行っていたこと、それにたいしてスターリンの党は今日の日本共産党と同様に「分派の禁止」や「党内外での自由な討論の禁止措置」を取りソビエト国家における共産党の一党独裁、党内におけるスターリン独裁を行っていたことを取り上げ、改めてレーニン時代の党運営として分派の容認（ボルシェビキとメンシェビキの存在）を受け継ぎ、機関紙上での批判の自由と行動の統一などの改革を行わなければならないとしました。これに対して不破氏は先に藤井氏の項で述べたように「レーニンの党論は１９１２年のプラハ協議会以前と以後では変わっており、それまでは第二インターナショナル的な党として諸潮流が存在した党であったが、１９１２年のプラハ協議会においてメンシェビキと決別し真に革命的な新しい党、すなわち分派の禁止、党外に分かる形での異論の展開は認めない革命党となったのであると批判したものです。

私はこの記述を読んでプラハ協議会はボルシェビキ、メンシェビキが参加した会議であり、決裂しボルシェビキだけの党になったのか、初めからボルシェビキだけで会議を開催したのか分かりませんでした。該当する部分のレーニン全集を見てもよく分かりません。しかし後で論じるように初期のソビエト政権ではメンシェビキや社会大衆党も参加しています。結局１９１２年のプラハ協議会で決別したのはメンシェビキの解党派だけであり、それ以外のメンシェビキ、そしてトロツキーなど「調停派」などとは引き続き共存していたようです(ここは現時点での私の推測であり、読者の中に、たしかな資料を持っておられる方がおられるなら教えていただきたい)。

私は今回、不破氏の藤井・田口批判を読み直して気づいたことがあります。「分派禁止規定」は1921年のロシア共産党第10回党大会で決められたと記憶していました。しかし実は1910年の中央委員会で決定されていました。ただしそれはレーニン達による提案ではありません。当時様々な要因があって中央委員会でレーニンのボルシェビキは少数派でした。ボルシェビキとメンシェビキは統一すべきだとしていた調停派であったトロツキーなどが「分派活動禁止」を提案し決定されたのです。これに対してレーニンは「決定に従う」としながらも、当時、国会議員選挙に参加すべきかどうかの複雑な論争があり極左派は「ボイコット」を主張していたがレーニンは参加を検討すべきと主張していました。ところがレーニンは「参加すべき、参加すべきでない」との決定にたいして拘束されるのは実行(つまり選挙が公示されて以降)が行われて以降であり、公示までは反対・賛成の論陣を党内外で行う自由があるとの論を展開しました。そしてメンシェビキ等にたいして公然とした批判を展開していました。やがて逮捕など様々な事情があって中央委員会が機能しなくなった1912年、党大会に準じるプラハ協議会を開催し、先に記したように、メンシェビキの解党派と決別したようです。

この点では藤井氏の時に述べたように確かにレーニンはそのような態度を取っていました。田口氏はその上に不破氏を批判しようとするあまり、マルクス・エンゲルスそしてレーニンの「引用」が粗雑であったり、我田引水的なところがあり、そこを不破氏に徹底的に批判され、自らその論拠を大きく傷つけます。また田口氏は当時ヨーロッパの共産党や学者の意見を引用し、それが日本共産党の主張より優れているかのような論述を行いましたが、それを不破氏はヨーロッパ事大主義と批判しました。

さらに不破氏は、田口氏が説く「(多様な価値観を認める)多元的社会主義」に対して、不破氏は「科学的社会主義であるマルクス主義の真理性を相対化するものであり」「解党主義、複数前衛党に行きつくものである」と批判します。また専制国家であったロシアにおいて少数者の職業革命家による武装蜂起によって権力を掌握しようとして確立したレーニンの組織論である民主集中制(分派の禁止、党内外での自由な討論の禁止、決定の無条件実施、下級は上級に従うなど)を擁護します。田口氏は不破氏のこうした専制国家での革命党の組織論を政治活動の自由のある先進国である日本で採用すべき党組織論ではないと批判すべきでした。しかし「レーニンの時代は、批判の自由と行動の統一が原則であった」「レーニンと異なるスターリンの民主集中制を改めなければならない」との論を展開したのです。前者については不破氏の論に敗れます。後者に関しても「レーニンが正しくスターリンが間違っている」という従来の理論の枠から出ていないために批判が有効性に欠けるものとなりました。スターリンはレーニンが「自分はマルクスの忠実な弟子」と言っていたのになぞらえ、自らを「レーニンの忠実な弟子」と言っていました。事実スターリンはレーニンと断絶していたのではなく多くの点で継承していました。「戦時共産主義の名において、農民から暴力的に農産物を徴収し、それに逆らう農民にたいして、有無を言わさず暴力的に実行する」ことを命じたのはレーニンでしたし、それを現場で実行していたのがスターリンでした。また反抗する農民を強制収容所に入れるように命じたのもレーニンでした。そして秘密警察を作ったのもレーニンです。スターリン独裁体制ができたのには様々な要因があり一つだけが原因ではありませんが、レーニンの施策も大きな要因の一つでしたし、スターリンを書記長に推薦したのもレーニンでした。田口氏が当時レーニン擁護論者であった不破氏の党論を批判するなら、これらの点を抑えて批判しなければなりませんでしたが、藤井氏と同様に「レーニンは正しい」という文脈の中にいたために不破氏批判に鋭さが欠けるものとなっていました。

さて不破氏による田口氏の多元的社会主義論批判は、不破氏本人がいうように三つの柱から成り立っていました。

①マルクス主義の道をたどれば真理に行きつくのにたいして、田口氏は多元主義の名において相対主義に陥っているとするマルクス主義絶対化論を唱えました。これは認識論としても間違いであ

るとともに極めて危険な独善的論であるとして、田口氏に対して「解党主義・複数前衛党主義に陥る危険を持っている」と批判しました。

②「階級闘争無視の牧歌的社会主義論である」とも批判しました。ここで不破氏は社会主義社会においても反革命の行動に対する階級闘争があるとして、革命党の真髄である民主集中制を批判することは客観的には反動勢力の攻撃に呼応するものであると批判しています。後者の議論は共産党の論に不同意や批判する人は反動勢力に呼応しているという規定となり、激しい攻撃にさらされることになります。前者はスターリンや毛沢東が言っていた「社会主義になっても階級闘争はある」という主張で、彼らがロシアや中国でどのようなことを行っていたかを想起すれば、もっと慎重な言い方をすべきものでした。

③田口氏は社会主義社会における反対派・野党は与党である共産党の独裁を抑えることが第一義的任務であると言っていますが、不破氏は「それは共産党が独裁化するとの偏見に基づくものである」と批判しました。これこそ共産党性善説です。共産党が政権についても権力の魔力や経済的利害得失などによって横暴になったり腐敗・汚職にまみれたりすることは、一党独裁体制を止め複数政党制を採用し言論の自由を認めても起こりうることです。複数政党制や言論の自由を採用している日本において「自民党独裁政権」で腐敗・汚職が起こっているのにたいして共産党などの野党が監視・追求しています。共産党が主力となった社会主義を目指す統一戦線勢力が政権についた時、

す。

それ以外の野党の重要な任務が時の社会主義政権に対する政策的意批判だけではなく、官僚主義や利権、腐敗・汚職に対する監視が重要な仕事になることは間違いありません。そのような役割を認めないというのは現実の政治世界を直視せず、共産党であれば清潔な政治を行うと言う思い込みです。

そして、いまなお民主集中制を採用している共産党が党内の異論を認めないだけではなく党外からの異論・批判にたいして「党の結束」の下、「赤旗」や「前衛」で「反動勢力に射落されたもの」として、激しい批判攻撃を行ってきたことは見てきた通りです。

第一次世界大戦中、１９１７年2月に「戦争止めろ・平和とパンを」要求する民衆の抗議行動の高まりでツァーリ政権が崩壊し、ブルジョアジーを中心とするケレンスキー政権と労働者・農民・兵士を中心とするソビエト政権の二重権力状態が生じました。４月に亡命先のスイスから帰国したレーニンはトロツキーの協力を得て蜂起しケレンスキー政権を倒し社会主義を目指すソビエト政権を樹立します。この政権はボルシェビキだけではなくメンシェビキ、社会大衆党も参加した連合政権でした。しかし様々な経過・事情がありやがてボルシェビキの一党(独裁)政権となっていきます。田口氏はこうした経緯を踏まえ、たとえ連合政権であっても共産党が民主集中制を取る限り「一枚岩」で結束して反対派への攻撃・排除に動く危険があるとしたのです。

不破氏は藤井・田口両名を批判するために「レーニン全集の党建設にかかわるところは全て目を

通した」と言っていますから、私が言うまでもなく、こうしたことは熟知されていると思います。

ところが戦時共産主義の名において農民から暴力的に穀物などをかき集めるやり方にたいして全国で様々な抗議・サボタージュ、反乱が起こりレーニンたちは新経済政策（ネップ）を採用し農産物の自由販売などを認めざるを得なくなりました。それは同時にソビエト政権の後退を招く危険があり、政権とその中核となっている共産党の体制強化が必要でした。こうした経緯の下、１９２１年の第10回党大会（ボルシェビキのみ）において「分派禁止」を党規約に入れたのです。この決定はもともとの議案にはなかったのですが大会最終日の3月16日にレーニンから緊急動議という形で提案されました。大会に参加していた代議員達は党と国家の危機を共有していたので「党の結束」に異論はなく満場一致で採択されます。この当時、ボルシェビキ党員は約57万人いましたがレーニン派、トロツキー派を主流派とし、労働者反対派、民主主義的中央集権派が少数派として存在していました。

ところが党大会から3か月後、労働者反対派、民主主義的中央集権派にたいして「分派禁止」の名においてほぼ全員の除名が強行されます。どれぐらいの党員が除名・追放されたかは研究者によって多少の違いがありますが少なくとも20％以上10万人を超える党員が除名・追放されました。この名簿を作成し追放の中心を担ったのは秘密警察（チェッカー）でした。それまでの秘密警察の仕事は党外にある反対派の摘発でしたが、この除名・追放行動では党内の「反対派」「分派」を徹発し追放する仕事も重要な任務となったのです。レーニンの最晩年にはチェッカーは18万人態勢となり全員がボルシェビキのレーニン派によって構成されていました。つまり党自体が秘密警察化する事態になっていたのです。これがスターリンが書記長となりトロッキーなどを除名・追放する大きな力の源泉となります。

レーニンの「分派禁止規定」は単に異なる潮流の存在を禁止しただけでなく、党内外での異論の展開や、党内で党員や地方機関が横の連絡を取ることも禁止しました。併せて「決定の無条件実施」「下級は上級に従う」などを決定しました。これらのレーニン流の民主集中制は1919年に結成されたコミンテルンでも採用され、コミンテルンの支部として結成された日本共産党にも持ち込まれ、現在の共産党の規約に継承されたのです。

この論争から40年余りがたちました。共産党は「一国一前衛党」を事実上放棄しました。それでは田口氏が主張した「多元的社会主義」をマルクス主義の真理性を否定するものであり「解党主義・複数前衛党に陥る誤りである」と批判したことは間違いであったことを認めなければなりません。それどころか不破氏は「前衛党の組織論としての民主集中制を批判するものは反動勢力の攻撃に呼応したものである」と批判していましたが、不破氏は2000年の第22回党大会において規約改正報告を行い「前衛規定を外し、先進的役割を果たす」としました。それどころかこの時の規約改正で「中央委員会と県委員会・地区委員会は上下関係ではなく役割分担である」としました。それでは不破氏による田口氏批判はなんであったのかと問われます。

重複しますが、明確に問われているのは政治的民主主義が確立し、共産党も他の党と同様に合法政党として活動している日本を含めた先進国における共産党の組織運営のあり方です。社会主義を目指す統一戦線に基づいて議会で多数を占めながら一歩一歩社会を変えていくという方針の下では、一党・共産党だけが前衛など成り立たないし、そのようなことを主張すれば統一戦線は成立しません。

また国民多数の支持を得るめに労働者階級の党であると同時に国民の党であると自己規定する限り、政策の所で述べたように党内でも、ある政策についても意見が分かれます。その時、少数意見の存在を認めなければなりません。つまり党内で政策グループの存在を認めない限り共産党の大衆的発展はないのです。ところで共産党は党規約第二条において「分派活動を行うなどの党を破壊する行為はしてはならない」としていますが、何が分派活動であるかは明確に記していません。私は党綱領と異なる政綱（綱領）を持ち、独自の機関紙を系統的に発行するなどはしてはならないと考え、そういう風に行動したい人は別の党を作ればよいと思っています。しかし先に記したように社会保障など個々の政策において多数派と異なる政策を唱えることは認めなければならないし、それを発表する自由を認めなければ党の政策は発展しません。それまでをも「分派」だとして処分するなどのやり方は適切ではないと考えますが、志位委員長・貴方はどう考えられますか。また共産党は処分について規約において除名、機関からの罷免、権利停止、警告などを記していますが、どのような行為がそれぞれに該当するかは規定されていません。つまりその時々に恣意的に実施されています。この点も改善が求められています。

（3）加藤哲郎氏の問題

加藤哲郎氏も多くの問題を提起しました。1989年以来、東欧で起こりつつあった変革、つまり共産党一党独裁体制を打破しつつあった社会変革を共産党などが「東欧問題」と言っていたのに対して、加藤氏は国民・市民による独裁体制打破の市民革命と位置づけました。その独裁体制打破の革命を、強固な集中制組織や武装集団で破ったのではなく、ポーランドの「連帯」など緩やかな市民組織の大衆運動で政権を移譲させていること、また元の政権党であった共産党が、新しい社会で生き延びた場合は従来の民主集中制を改め、政策グループの存在の容認、党内外での自由な討論を採用していることを紹介し、日本共産党もそのような方向で改革すべきであると提起しました。

もう一つの重要な問題として宮本氏が「自主独立」を掲げているとしてルーマニアの独裁者チャウシェスクと親しく付き合い「共同声明」を出していたことを批判しました。当時のヨーロッパではチャウシェスクの独裁は広く知られており、自主独立を根拠に独裁を正当化しているとの認識で批判していました。ゴルバチョフが書記長をしていたソビエト共産党でさえチャウシェスクを相手にしていなかったのです。そんな時、宮本顕治氏は2度ルーマニアを訪ね、チャウシェスクを「偉大な政治家」として持ち上げ「共同宣言」に署名していました。そして東欧の社会主義政権が崩壊したとき、他国はすべて平和移行しましたが、ルーマニアだけが治安機関によって政権交代を望む民衆にたいして銃を向けたのです。最後は民衆蜂起によってチャウシェスク夫婦は銃殺されました。「共同声明」を発した宮本顕治氏を批判した加藤氏にたいして、宮本氏等は「見抜けなかった」「だまされた」などと抗弁するとともに、加藤氏に対して田口氏・藤井氏とともに「反共攻撃に射落された」と批判しました。共産党はいまだに「共同声明そのものは正しかった」、チャウシェスクに「だまされた論」を撤回していません。*

※なお『日本共産党の70年』においてはルーマニア問題について「機敏に対応した」と記している。この点に関しての資料として「宮本・チャウシェスク共同宣言　現代世界の基本問題への正確な回答」（日本共産党中央委員会出版局　1987年発行）がある。

重要なこととして70年代前半まで日本共産党はイタリア・フランス・スペインの共産党を「ユーロコミュニズム」として理論交流を進めていましたが、この田口・藤井・加藤批判を繰り広げたころから「ユーロコミュニズム」という言葉を使わなくなり、イタリア・フランス・スペインの共産党との交流も止めてしまったことです。先に記したように、同じ時期これらの党は相次いで「分派禁止規定の削除」「党内外での政策・理論の発表の自由」「民主集中制についての再検討」を打ち出していました。

宮本顕治氏は「平和革命路線」「議会を通じての社会変革」という点でヨーロッパの党と一致し接近しましたが、ヨーロッパの党が同時に分派の容認、党内外での討論の自由・尊重に踏み切りつつあり、民主集中制についても見直しの検討を進めていたことについては同意出来なかったのです。不破哲三氏は宮本氏の意をくみユーロコミュニズムの見解を日本に紹介しようとした藤井・田口・加藤への批判を行いました。しかし今では藤井・田口・加藤の言い分が基本的に正しかったことは明確です。既に亡くなっている宮本氏は別にして、不破氏は今でも「藤井・田口・加藤氏への批判が正しかった」と言えるのでしょうか。不破氏は、この藤井・田口・加藤批判以降、党組織論については書かなくなっています。

私はこの本を書くにあたって改めて田口・藤井・加藤各氏の本を読み直しました。加藤氏の『東欧革命と社会主義』について読み直したとき、大半の論点は覚えていましたが、全く覚えていないことがあるのに気がつきました。それは党費・財政管理の問題です。以下抜粋です。

「19世紀ドイツの労働者政党は中央・地方とも、厳格な会計報告が義務付けられ、会計担当者は財産証明提出を求められ、指導部から独立した監査・統制制度があった。また党指導部や議員・専従職員の給与もいちいち大会で決めていた。

ロシアの社会主義運動の系譜では、１９０５年のロシア社会民主労働者党規約が中央金庫への党費上納率を20％と定め、それが１９０７年改正から革命後19年規約まで10％であった。ところが先の第10回党大会で「分派の禁止」決議を経た、レーニン存命時の１９２２年ロシア共産党第12回協議会規約は、比率そのものを規約から抹消し、中央委員会に「党の勢力と資金を配分し中央会計を管理する」権限を与えた。そのために、その後の党財政は、一般党員には秘密で統制不能なものになった」

以上の加藤氏の論点から私たちは多くの点を学ばなければならないでしょう。

私は、今日の日本共産党の困難を考えた時、この時期に日本共産党がユーロコミュニズムが提起し藤井・田口・加藤氏らが提案していた通り、コミンテルン・レーニン型の党から脱皮し、先進国における社会変革をを進める党として、政策グループの容認と多数決制の定着、党内外での自由な討論、民主集中制についての再検討を進め、党首を全党員参加で選出する等を開始していたら相当変わったのでないかと考えますが、志位委員長・貴方はどう考えますか。

加藤氏の党費管理の論点とは少し違いますが、党財政・経営に責任を持つ問題について一言述べます。どのような組織であっても会計・経営の原則は「入りをもって、出を制す」つまり収入の範囲で支出することに努めなければなりません。また財政実態を構成員である党員に分かるように公開しなければならないと思います。しかし革命党や民主団体においては、運動の必要性を説いて会計原則を無視して支出する傾向が生まれがちです。現在、共産党の日刊紙「赤旗」は赤字が続いてり党の財政・活動の桎梏となっていますが「機関紙中心の党活動」の名の下に、根本的な解決の手立て、例えば「紙の赤旗はやめ電子版に切り替える」などの措置が取られていません。一体赤字はいくらになっているのか、それはどうするのかが発表されていません。

また中央委員会の建物、京都府委員会の建物もそうですが老朽化し立て直しが必要でした。しかし党財政の力量をはるかに超える立派な建物を立てました。私は大きな選挙の度に私にできることとして少しまとまった寄付を中央委員会、府委員会、選挙事務所にしてきました。しかし中央の建物、府委員会の建物を建てるための寄付には応じませんでした。それは明らかに財政力量を超える建物であり、多分、大きな赤字（借金）を作ることになるだろうし、地区委員会が困っているのにこのような立派な建物を建てるべきではないと思ったからです。

その後、実際に中央委員会の建物、府委員会の建物にも行きましたが、その立派さ、とりわけ中央の建物にはあきれました。地上11階・地下1階と地上8階・地下階の2棟で、屋上ガーデンもあり、自民党本部より大きな建物でした。

機関紙「赤旗」の赤字などを放置したまま、地区の建物や地区の専従給与の実態を踏まえれば、このような建物のカンパには応じなかったことが正しかったと思っています。中央委員会（総工費85億円）も府委員会（当初予算3・5億円）も建設費に見合うお金は用意できず、おそらく中央委員会は数十億、京都府委員会で1億円前後する借金を抱えていると推察されます。実態を明らかにし責任ある対策を提起すべきです。

（4）「日本共産党への手紙」の問題

1990年6月、松岡英夫・有田芳生編集で『日本共産党への手紙』（教育史料出版会）が出版されました。執筆者は加藤周一、飯塚繁太郎、黒田了一、住井すえ、田畑忍など日本を代表する知識人・学者・作家など16人で、共産党の前進のために率直な文書を記したものでした。しかし共産党はフリーの編集者であった党員の有田芳生氏を党から除籍するという対応を行いました。

有田芳生氏は京都の共産党の幹部・有田光雄氏（衆議院京都二区の候補者にもなったことがあり私とも交流があった）の子息でした。私は彼が立命館大学の学生時代から面識がありました。有田芳生氏は社研の代表を務め、卒業後、新日本出版社に就職し、「文化評論」の編集者になります。そこで上田耕一郎氏と小田実氏の対談を実現し編集したのです。しかしその後、小田実が市民運動と共産党の関係について否定的な発言を行ったことを契機に、有田氏は自己批判を迫られて新日本出版から解雇されフリーの編集者になりました。当事者の上田耕一郎氏はそのまま副委員長の座に留まっていました。その時、有田氏は私にも挨拶に来ました。私はフリーの編集者として生きていくことは厳しいが、「反共売文家だけにはならないようにしてほしい」と希望を述べました。※ 有田氏は「当然です。私はそのようなことはしません」と語りました。その後、有田氏はいくつかの本を上梓したあと、１９９０年に上記した『日本共産党への手紙』を松岡英夫（元毎日新聞編集次長で１９８３年の東京都知事選挙に共産党も参加した革新統一候補として立候補し、１４８万２１６９票を得たが鈴木俊一に敗れた）とともに編集し、党を除籍されたのです（２０２２年６月３日付「朝日新聞」での有田氏の発言）。

※私には以下のような経験があります。まだ私が京都府委員会の常任委員になる前の府委員の頃、京都の共産党とかかわって新聞沙汰になるような事件があったのです。その問題の対応のために中央のしかるべき幹部がやってきました。しかしその人の「指導」は、思い込みによる乱暴なものだったために二次的事件が起こります。私は、その事件をめぐる処理の進め方について府委員会総会で、もう一人とともに反対・保留を表明しました。その時、私は「これで共産党の専従職員を辞めなければならないかも」と思いました。しかし共産党のしかるべき位置にいた専従職員が共産党の仕事を辞めた時、一般企業への就職も民主団体への転職も難しいのです。それで私は「ともかく一年間は食べられるお金は貯めて持っておこうと」と準備しました。それは「1年あれば弁護士は無理だが社会保険労務士や行政書士の合格はなんとかなるだろうと」思ったからです。自分の食い扶持を確保して自由に社会活動を続けようとしたのでした。

この事件の後も有田氏は今日まで反共的言動は行っていないし、「統一協会・勝共連合」追及、「オウム問題」追及などで良い仕事をしてきました。しかし共産党は彼を「まともなジャーナリスト」として扱ってきませんでした。ここまで書いた後で２０２２年9月19日の「赤旗」書籍広告欄に、有田氏の『改定新版　統一教会とはなにか』（大月書店）の広告が掲載されていることに気が付きました。これはどういうことなのか、広告担当部門が見過ごしたミスなのでしょうか。そうではなく有田氏をまともなジャーナリストとして扱うように変更したのでしょうか。そうであれば良いことだし、他にも適用を広げる必要があるでしょう。そして有田氏の除籍が間違いであったことを認め謝罪すべきでしょう。

（5）古在由重氏の問題

日本のマルクス主義哲学の代表的人物であった古在由重氏が、原水禁運動の統一をめぐって共産党との間に意見の違いがあったことは明らかになっています。しかし１９９１年3月６日に古在氏が亡くなったとき、共産党は「赤旗」において弔意も示しませんでした。それに対する疑問が党内外で生まれると、５月23日「赤旗」において金子満広書記局長の名で、古在氏が１９４５年に入党したが原水禁運動をめぐって党の方針と違った言動をしていた事を記し、１９８４年10月に除籍していたことを明らかにしました。この時期の原水禁運動をめぐっての古在氏の発言については、本当に間違っていたのかは再度吟味したらよいと思いますが、問題はそれよりも共産党の中央と違った意見を述べた人を除籍すれば、本人の死に際して党との関係を子細に明らかにし、その人生も否定するような批判の仕方をしたことの妥当性です。

こうして宮本氏の組織路線や誤りを批判したり意見を述べた人々に対して「赤旗」や「前衛」で「第二次反動攻勢に射落され、取り込まれた人間」という批判を繰り返し行いました。こうした中で「共産党にものを言えば社会的に人格まで否定される」との認識を知識人の間で広げてしまいました。

これらのことについて志位委員長・貴方は、今日明確な反省の見解を社会的に明らかにしなければ、広範な知識人との開かれた対話や共同行動は出来ないと思いますが、いかがですか。

第七章

日本共産党の歴史とかかわって

1、志位委員長の「党創立100周年記念講演」について

2022年は共産党創立100年の年でした。多くの新聞で「共産党の100年」という特集が組まれました。そして中北浩爾『日本共産党』(中公新書)、佐藤優『日本共産党の100年』(朝日新聞出版)など何冊かの本も出版されました。共産党の「赤旗」ではこれらの記事や本についての論評はまったく行われませんでした。私は党員の知人に「今日の○○新聞を読みましたか」と聞きましたが、大概の人は読んでいませんでした。つまり「一紙で間に合う赤旗」ということや、年金生活で節約するために「赤旗」以外の新聞を読んでおられないのです。多少経済的余裕があり知的関心がある人でこれらの記事を読んでいる人も、「赤旗」で論評されていないために、そこで書かれている事を批判的に読むことができません。あれほど共産党の評価について過剰なまでに反応してきた共産党はどうなっているのですか。昔流に言うと「イデオロギー的武装解除」状態であると思いました。

そして当事者である共産党自体が『共産党の100年史』を出していません。躍進していた70年の時には上下2冊に別冊の年表を付けた1300ページに及ぶ大部なものを発表していました。停滞が始まっていた80年はわずか326ページの小さな本を出すにとどまっていました。そして後退があらわになっていた90年の時には出版されませんでした。私は「100年史は2021年の衆議

院選挙と22年の参議院選で1議席でも増え、得票が少しでも増えれば、反転攻勢のきっかけを切り開いたと書けるが、負ければ100年史は書けなくなり、出さないのではないか」と予測していました。要するに「負けた事」を認めない体質、負け続けていることから教訓を引き出し責任を取らない共産党が抱えている本質的な弱点から、出版できないだろうと推察していたのです。

NHKマガジンの7月15日号において志位委員・貴方はインタビューに答えています。そこでは選挙の敗北を認めないだけではなく「党の歴史は、いつも順風満帆ではなかった。ここで辛抱すれば『明けない夜はない』ようにやがて躍進する。100年後には共産党が入った政権が出来ているでしょう」(筆者による要旨)などと、何の根拠もなく100年先の政権のことを語っておられました。その後、下記に記す100周年記念講演とかかわって「100年史」を作成すると発表されました。

志位委員長・貴方は、すでに既に7月17日の「赤旗」において「創立100年について」を述べています。そこで100年を貫く特質として不屈性、自己改革、統一戦線の三つを記しています。「記念講演」の事前広報では「100年の歴史と綱領について語る」とすると同時に、「この間のマスコミなどの党攻撃について反論する」と記載されていたので、注目して待っていました。私は党のホームページに添付されていたレジメをプリントアウトしチェックしたうえで2時間に及ぶ講演を見聞しました。

「70年史」「80年史」には無かった新しい論点としては、瀬長亀次郎さんを先頭とする沖縄の本土復帰運動と本土における「60年安保改定」反対闘争が相互に励ましあい相乗効果をあげていたことを具体的に述べられていたことでした。それ以外は三つの特質について7月17日の「赤旗」記事より多少詳しく記しただけでした。マスコミの党攻撃への反論、それよりも党内から上がっている疑問についてまとな回答をするどころか、無回答やすり替えが目立ち、多少とも共産党の歴史と現状を知っている人々にとっては「きちんと解明してくれた」というものではありませんでした。併せて私にとって不思議なことは、現在の政局と闘いの課題・方向についてほとんど触れられなかったことでした。

以下、順をおってメモ風に記します。

①安全保障政策　この本の冒頭に記しましたが、日本の安全保障政策は重大な岐路に立っています。ところが「現実的な安保政策に転換せよ」との党攻撃に答えるとして従来の見解を述べただけです。それでは志位委員長・貴方が参議院選挙直前に「我が党が政権に入れば自衛隊は合憲とする」と述べたことはどうなったのですか。何も触れないままでした。

②社会主義・共産主義　不破哲三氏は、レーニンの『国家と革命』以来の配分論にかたよった国際的定説を改めるとして、自由な時間の確保によって個性が輝くのが社会主義社会だと述べています。

私も未来の社会を配分論に留まった解明は不十分と思っています。しかし不破氏は「レーニンはマルクスの『ゴータ綱領批判』について読み誤った」として、社会主義・共産主義は二段階ではなく一段階であるとか、マルクスは社会主義の段階では「労働に応じて」・共産主義の段階では「必要に応じて」と述べたと捉えるのはレーニンの読み間違いであると述べています。私は拙著『ポスト資本主義のためにマルクスを乗り越える』で不破氏の『ゴータ綱領批判』の読み方こそ間違っていると具体的に批判していますし、不破氏が述べる「すべての人が全面発達した人間になる」などの主張は正しくない人間観であると批判しましたが、それらの問題は何も解明されませんでした。

③野党外交論　先の沖縄の闘い以外にもう一点、新しく提起された課題は、発達した資本主義国における左翼政党が「軍事同盟をなくす」「核兵器廃絶」などの運動を行っており、大会が決定した「社会主義への移行は発達した資本主義国からが大道」という方針からも、これらの党との交流を進めるとしたことです。１９７０年代に共産党はフランス・イタリア・スペインなどのいわゆる「ユーロコミュニズム」の諸党と交流していましたが、その後、止めてしまっていました。現在の共産党の限られた財政と人事の下で、今共産党が外国へ訪問団を出すなら、まず一番にしなければならないことは、フランスやスウェーデンに出かけて核兵器禁止や軍縮について協議することではなく、ウクライナとそれに隣接し難民が大量に入っているポーランドやモルドバなどの国々に行くべきだ

と私は思いますが、志位委員長・貴方はどうですか。それらの地域の住民を激励し交流を行い、そして何よりも現状を調査し、日本は何ができるかを調べ、政府並びに日本国民に支援を呼びかけることではないですか。なお「平和の党」を売り物にしている公明党は既におこなっています。

また世界の現実を見た場合、軍事同盟の拡大や核兵器保有国の拡大に抗して闘うためには、国連で圧倒的多数をしめる発展途上国との交流が重要です。私は１９９７年以来、アジアで国際協力事業に従事してきました。その中で日本の外交政策が先進国中心で、外交官を含めて発展途上国への関心が極めて弱いことに、さんざん苦労してきました。「赤旗」特派員も発展途上国には皆無に近い状況で「時事通信」「共同通信」などの通信社の配信記事に依存し、独自の情報網を持っていません。特派員配置を増やすとともに、現地に滞在している党員や支持者に通信員登録してもらい、情報提供の協力をしてもらう必要があります。

共産党の方針の「発展」のいつもの特徴ですが、過去の総括がないことです。この問題で言えば、なぜユーロコミュニズムとの交流をやめてしまったのか、先進国中心の日本外交をどう批判し、どう克服していくのかの方針を提起しなければなりません。また国連などの国際機関における日本職員の大幅減少をどう立て直すのかも重要な課題です。そうした世界の分析の上に立って方針を粘り強く進めなければなりませんが、そのような提起がありません。この分野での活動の発展のためには戦略的視点が必要であるとともに、一つの成果・前進のためには少なくとも5年10年単位の活動が必要であり、そうした活動スタイル・人事配置が必要であることを提起しておきます。

※私はヨーロッパ左翼の実情を知り交流を行うことに反対しているのではありません。私は、ヨーロッパにおける左翼の動向、旧社会主義国の状況を知るために、２０１６年にロシア・イタリアを訪ねました。ロシアではモスクワ大学を訪ね、最後の共産党大会で中央役員に選ばれていたブズガーリン経済学部教授に現在のロシアの動向について色々教えてもらいました。イタリアではグラムシ研究所を訪ね、元イタリア共産党の上院議員を二期務めたロレンティ・ジャノッティ氏をはじめトリノ大学のグラムシ研究者・イタリア近現代史研究者数名と面会し、朝の９時から夜の９時まで昼食、夕食も取りながら質疑応答するとともに、ソビエト崩壊後のヨーロッパ左翼のイタリア・ＥＵでの取り組みについて色々と聞きました。そしてあくる２０１７年再度ロシアを訪ね、ロシアの伝統文化を探るとともに、庶民のアパートや日常品店、郊外の家庭菜園用の小屋など庶民生活を見聞きして回りました。同２０１７年アメリカと国交回復したキューバを訪ね現状掌握に務めました。続いて２０１８年には旧東ドイツ、チェコスロバキア、オーストリアへ行き、旧共産党を母体とした政党を訪ね、現状を聞いて回りました。２０１９年以降、フランス、スペインなどを調査のために訪ねようと予定していましたが、残念ながらコロナの流行のために行けませんでした。これらの訪問で現在ヨーロッパの左翼が直面している問題の一端は知りました。しかしそうした活動を通じて、ますますアジア・アフリカ・ラテンアメリカなどの発展途上国の調査・交流の必要性を痛感しています。ロシアのウクライナ侵略

にもかかわらず、これらの地域でロシア・中国との結びつきを強めている国が増えているからです。志位委員長・貴方はヨーロッパの進歩勢力との交流を再開することもいいですが、是非、世界の多数を占めているアジア・アフリカ・南アメリカとの交流も重視してください。国連などの国際機関の動向を左右するのはこれらの国々です。

④民主集中制　この組織原則について、志位委員長・貴方は「我が党の歴史的経験の中で作られてきた」として問題を限定されています。しかし民主集中制は、日本共産党がコミンテルンの日本支部として結成された時に国際的に持ち込まれたものであることは明白であり、コミンテルンの支部であったことを意図的に隠しているように見受けられます。日本共産党は7回党大会以来、日本の現状に即して規約を改正してきたことは事実ですし正しいことでした。ところが志位委員長・貴方は、攻撃に答えるとして「党大会を見てほしい」と自民党の党大会との比較を行っています。しかし党員やマスコミから取り上げられてきた党首を全党員参加の選挙で選んでいないことや、自由な開かれた討議によって多数決で決める運営をしていない点の改善など、肝心のことについて全く答えていません。これで納得がえられると思っておられるのですか。

⑤党勢拡大　報告では現在の党勢は1965年・66年当時の状況にあると述べられました。同時に

当時に比べて政治的影響力では得票数でも地方議員数でもずっと大きく、60年代の教訓は政治的影響力を党勢拡大に結びつけたことだとして、「目標と期日を定めた党勢拡大運動」を広げようと述べられました。しかし、１９８０年の第15回大会をピークに現在では国会議員・党員数では半分、「赤旗」読者数は３分の１以下に後退し、ついに１９６１年の綱領確定直後の１９６５年・66年当時にまで落ち見込んでいるのです。なぜそのようなことになったのかを厳しく自己分析解明せず、ただ党勢拡大の必要性と、そのために「60年代の初心に立ち返り」「目標と期日」を定めた拡大月間を提起するだけでは駄目なことは明白です。余りにも党内の事情を掌握しておらず、自己分析に基づく改革も執行能力もないことをさらけ出しただけです。

⑥現在の課題の欠落　最初に述べましたように現在の政局・課題について全く触れらなかったことは不可思議です。安倍元首相の暗殺に端を発し、統一教会問題・国葬問題が急浮上し、岸田政権の支持率が急低下しています。野党による追及・政局転換のチャンスの時に、その闘いに触れないのは、政党の党首の演説としては考えられません。また衆議院選挙・参議院選挙の連続敗北の反転攻勢の当面の最大の政治戦である一斉地方選挙についても一言も触れられなかったことは、政治家・党首として「どうなっているのだろう」と驚きを禁じ得ませんでした。顕治と百合子の『12年の手紙』についての本を読み直し革命的夫婦愛について演説しても、一斉地方選挙の闘いについて触れ

ないなど、政治家の演説としてはまったくピントハズレです（百合子没後○周年記念講演ではありません）[※]。「党史と綱領を語る」とされた党首の記念講演について常任幹部会でまともに検討していないのではないかと思いました。講演のレジメはユーチューブに掲載されているので、私も読んでいます。2時間にも及ぶ講演は、映像と音だけでは分かりにくいので、私はこのレジメをプリントアウトして手元に置き、ここが不足、ここがすり替えている、ここが抜けているとチェックした上で講演をユーチューブで見ました。講演聴取直後にこの項を書きました。この本の読者は、私のこの記述だけではなく、是非「記念講演」を読んでみていただきたいと思います。

※私も若い時に『12年の手紙』を読み、獄中と獄外にいた夫婦が手紙を通じて励ましあう姿に感動しました。また百合子の小説はほとんど読みました。理に裏付けられながらも直截的ではなく情にあふれ緻密な人間描写に感動していました。しかし志位委員長・貴方は党創立100周年「党史と綱領を語る」講演会において、国葬も統一教会についても、そして一斉地方選挙について一言も語らず、長い時間をさいて「顕治と百合子の12年」ついて語ったのです。それは異常だと思うと述べているのです。その私の疑問に貴方はどう答えられますか。

⑦『12年の手紙』を取り上げた背景　志位委員長・貴方がこのテーマをとり上げたのには意図がありますね。次に述べることですが、丸山真男等が「1935年をもって党中央はなくなり共産党は

散発的闘いはあっても、もはや組織的な行動を出来ていなかった」と言ってきたのを否定するために「頴治と百合子の12年」のような誇るべき闘いがあり、それが戦後の民主化につながったのだと主張したいためですね。しかし１９３５年のコミンテルン第７回大会で反ファシズム統一戦線方針が出された時、フランスやイタリア、スペインなどで闘われた人民戦線の闘いは日本共産党には出来ませんでした。その代わりに「頴治と百合子の12年」を紹介したのですが、しかしそれは反ファショ統一戦線活動などの闘いと別の個人の思想領域の問題です。日本においても共産党ではなく社会民主主義者によって「横浜人民戦線事件」（第二次世界大戦中の１９４２〜45年にかけて戦争や政府について批判的な雑誌論文の投稿者・編集者60名を逮捕し、30名を有罪とし４名が獄死した事件）など反ファシズム統一戦線の影響を受けて戦った人々がいます。また京都を中心にリベラリストたちによって反戦・反ファショの立場から「世界文化」「土曜日」「学生評論」が出されていました。これらのリベラリストと社会民主主義者が１９３７年・38年に「京都人民戦線事件」として治安維持法違反として弾圧されました。逮捕者は５０４名に及び、37年には加藤勘十・鈴木茂三郎、38年には江田三郎・大内兵衛・佐々木浩三などが逮捕されました。戦時下の闘いを言うなら、これらの人々の闘いもきちんと取り上げる必要があります。にもかかわらず今になっても共産党だけが戦争反対で戦った。社民党は大政翼賛会に合流し戦争賛成に陥っていた等と語り、戦時下の様々な闘い・営みを取り上げ戦後の教訓とする努力は貴方の講演からは見受けられませんでした。そうしないと今求められている反戦平和の統一戦線の営みは結実しません。

戦時下の個人の思想的営みについて一言付言しますと、私の高校時代の活動仲間の兄弟に、兄は名前を共生としていた人がいました。戦時下に生まれましたが、お父さんが時代の将来を見据え、共産主義と共に生きるとの願いを込めて共生としたのです。その弟は光でした。つまりカールマルクスのカールです。「頭治と百合子」だけではなく市井の庶民の中にもそうした人がいたのです。

⑧志位講演と私の叙述の根本的な違い　志位委員長・貴方の「１００周年記念講演」と、私がこの本で記載している文書とでは観点が根本的に異なります。貴方は共産党の良い点の三つの特質を取り上げています。それは個々に欠陥があるによせ、こうした特質があったので伸びてきたので、この特質を受け継ごうという時の分析手法です。しかし共産党は「50年問題」を克服することによって１９８０年まで伸びてきましたが、それ以降40年余り停滞・後退し国会議員・党員で半減、「赤旗」読者で3分の1以下に減紙しているのです。そうした下では、なぜ停滞・後退したのかを探り出し、その克服方向を明らかにしなければならないのです。私はそういう観点で書いています。したがって私の文書は貴方と違って肯定面の強調ではなく克服すべき欠陥について率直に提起しています。読者の方もその点を理解して読んでください。今は30年も40年も前の過去の成功物語を初心として語る場合ではないのです。未来に向かって、つまり新生に向かって何をしなければならない

かを解明することが急がれているのです。

2、戦前の活動に関する丸山真男への批判は適切だったのか

①日本共産党は1922年7月15日、コミンテルン（国際共産党）の日本支部として創立されました。コミンテルンは参加にあたって21箇条の条件を定めており、それを党大会などで承認しなければ加盟は認められませんでした。革命論として軍事（暴力）革命論、組織原則として国際共産党（コミンテルン）下の民主主義的中央集中制、党名は共産党を名乗ることが原則であり、その戦略方針、人事政策、財政のすべてにわたってコミンテルンの指示に従わなければなりませんでした。

このコミンテルンの指示のもとで様々な誤りや弱点はありましたが、日本社会の変革として天皇制打倒、侵略戦争反対の旗を掲げて闘った人々がいたことは日本の良心を示したことであり、日本共産党の闘いがなければ「日本人は誰も天皇制とも侵略戦争とも闘わなかったのか」という事態になったでしょう。

②1994年の元旦、日本共産党の宮本顕治氏は「赤旗」の新春インタビューにおいて近代政治

学の代表的人物である丸山真男氏がおよそ40年前の1956年3月発刊の「思想」（岩波書店）に書いた小さな論文「戦争責任論の落とし穴」ついて批判しました。その後、不破哲三氏や貴方・志位和夫氏による丸山真男批判が赤旗などに掲載され、その年の第20回党大会の報告において志位書記局長（当時）・貴方が批判しました

丸山氏の論文は前半と後半に分かれています。前半では戦争責任は天皇と軍部にあることを明確にした上で、国民の責任についても考える必要があると提起しました。つまり当時の国民が軍部に対して戦争の拡大を望み、同時に中国戦線等に参加した農民・市民などの庶民が現地において罪のない人々を殺戮し略奪し、破壊してきたことについて口をつぐんでいる。だから国民にも戦争責任はあるし、そのことを認めずあいまいにしていれば、再び日本に軍国勢力が広がったとき本当に国民は批判抵抗勢力として闘えるであろうかと警告を発したのです。

③そして後半で共産党について触れました。個々の共産党員が弾圧・拷問に耐えて反戦・自由のために英雄的に闘った事を記述したうえで、前衛党という政党として戦争を阻止できなかったことについて結果責任として「戦争責任」があるだろうと記しました。これに対して宮本・不破・志位の各氏は「方針が、正しくとも、それが実現できなければ責任があるというのは傍観者の議論であり認められない」と批判しました。私は当時も今も共産党が戦争を阻止できなかったことについて

「戦争責任がある」という言い方には同意できないと考えています。

世界的に見て、他国から侵略された国の人々が侵略者に立ち向かい、それを打ち破った経験はたくさんあります。しかし侵略戦争を開始した政府に対して抵抗闘争を行い戦争を止めさせたのは、ロシアのツァーリとケレンスキーによる第一次世界大戦への参加・継続を民衆が打ち破ったのと、アメリカにおいてベトナム反戦運動が戦争の継続を断念させたぐらいで、日本共産党が天皇制政府が開始した戦争を止めさせられなかったからと言って「戦争責任がある」とは言えないと思います。

しかしその批判の仕方には問題があります。丸山氏の論文に反撃するだけでよいのであろうかと思いました。共産党は「(丸山は)東大助手という安全な場所に身をおいて、闘わなかった人が『共産党が戦争を止められなかった』として『その責任があるというのは許せない』」と批判しました。東大紛争の時、全共闘は丸山の研究室を襲撃し破壊しつくしましたが、その時も同じ論理でした。戦争中に公然と天皇制打倒・戦争反対で闘わなかった人に対してそのような批判は適切なのでしょうか。

④実は丸山は政府に批判的な論文を執筆したこともあって、東大助手でありながら二等兵で招集され朝鮮半島の部隊に配属され、一等兵や上等兵に徹底的にリンチされていました。高等教育を受けているのだから幹部（将校や下士官）になる試験の受験資格がありましたが、彼は「自分で望ん

で来たわけではない」と試験を受けず一兵卒として兵過ごしました。そして最後は広島の部隊に配属され、そこで原爆投下にあいました。たまたま大きなコンクリートの壁の内側にいたために爆風で死ぬことはなかったのですが被爆しました。しかし多くの亡くなった人のことを考えれば「自分の被爆のことなど語るに値しない」と生涯、被爆体験については語りませんでした。この人を「東大助手の地位に汲々として反戦で闘わなかった人」と人格否定を含めて攻撃をしたことは戦争を体験した多くの知識人を納得させるものではありませんでした。

※私の父は戦前とある大企業の上海支店の運輸責任者をしていて、鉄道が通っている中国各地の都市に出かけていました。そこで日本軍が点と線しか抑えていないことを知り、その残虐な行為を見聞していました。戦時下日本に帰りましたが、すぐに徴兵されました。学生時代に軍事教練に合格していたので幹部候補生受験資格はありましたが、そうした体験と白樺派の影響を受けていたこともあって幹部候補生試験を受けないで兵隊で過ごしました。戦後、私の小学生時代、同じ会社から同じ時期に徴兵された他の二人の友達が妻子づれでやってきて我が家で懇親会を行っていました。その時、父を含めて三人とも誰も軍隊時代の話はしなかったし軍歌も歌いませんでした。そして父がいつも語る言葉は「優秀な奴は皆死んだ」「生き残った我々が頑張らなくては」でした。１９４５年12月22日に労働組合法が公布されたのを機会に、父はあくる46年の1月31日に本社社員１５００名での労働組合立ち上げに参加し、結成時に三名の書記の一人、後に書記長となりました。私がなぜこんなことを書く

かと言えば戦時下に公然と天皇制打倒・戦争反対を主張しなかったからといって人格否定するような批判を行うのは間違いだと思うからです。

ところで志位委員長・貴方は野間宏の『真空地帯』という小説・映画を読んだり観たりしたことがありますか。第二次世界大戦末期に徴兵で取られた二等兵の兵隊が一等兵や上等兵に徹底的にリンチされる様子を描いています。丸山や私の父が資格がありながら幹部候補生試験を受けず兵隊で過ごすことがどれほどのことであったか想像してみてください。

⑤さて丸山が言う「共産党の戦争責任」という言葉には私も同意しませんが、それでは何も考える必要はないのでしょうか。丸山も言うように個々の共産党員は頑張りました。しかし１９３５年に、最後の中央委員であった袴田里見が逮捕されて以降、日本においては散発的な闘いはあったが共産党の組織的闘争はなくなりました。つまり１９３７年に日中戦争が開始された時、そして１９４１年に太平洋戦争が開始された時には、共産党は既に社会において組織的には存在していませんでした。国内では刑務所にいただけであり、中国の延安においてコミンテルン執行委員であった野坂参三が捕虜の日本人を教育し結成された反戦同盟の中の共産党員だけでした。この意味は重たい問題です。

戦後の日本で共産党再建のために行動した人々は、府中刑務所に収監されていた非転向で予防拘禁されていた徳田球一や志賀義雄をはじめとして、全国の刑務所にいた宮本（網走）や袴田（宮城）などの人々です。もう一つは先に記した野坂参三の教育と指導で反戦同盟、共産党員となった人々です。

※戦争が終わったとき刑務所にいた共産主義者は約200名ほどと推察されています。そして徳田や志賀のように、刑期が終わりながらも非転向であったために再び活動しないように刑務所から出さず拘禁されていた人々がいました（26名という説がある）。東京の府中刑務所に予防拘禁所が設置され、それらの人々が集められていたのです。

つまり1937年の「日支事変」以来の戦争の間、日本共産党員は刑務所の中と中国の延安にいただけでした。ヨーロッパのイタリアやフランス・スペインのように国民の中で共産党も参加した反ファシズムの共同の運動や組織は日本には無かったのです。こうした戦時下の日本の状況は戦後の運動を組織するうえで決定的な弱点となりました。フランス、イタリアにおいては戦後の最初の選挙で共産党は数十名が当選し、民主化を求める連合政権において役割を果たすことになりました（スペインは戦後もフランコの独裁政権が続いていた）。それに対して日本では、戦後合法化されましたが戦争中国民の中で大衆的に活動できていなかったこともあり反共意識は根深く、第1回選挙で当選したのは5名に過ぎませんでした。そういう意味では丸山が言う国民に根差した闘いが戦時下に組織出来なかったことは戦後の社会においても負の遺産となったのです。今日、憲法改悪が企まれ軍国主義の足音が近付いているとき、丸山が述べた「国民の自己反省と闘う決意」「共産党が大衆に溶け込み組織する」という点で抱えている弱点の克服は、現在も大事な課題であるという自覚に基づく活動スタイルの改善確立が必要です。

⑥志位委員長・貴方は2021年の衆議院選挙に敗れた時、マスコミの責任質問に答えて「我が党は方針が間違っていないのに辞任するなどの方針はありません」（要旨）と答えています。ここには貴方が丸山氏の「共産党の戦争責任」について批判した時と同じ論理がみられます。つまり「我々は正しく主張し闘った。しかし選挙で躍進せず、後退したから責任がある、などは〈傍観者の意見である〉。正しい主張をしたからと言って勝つとは決まっていない」との反論をされたのです。

しかし戦争を止められなかったという問題と、選挙で連続して敗れるという問題はまったく性格の異なる問題であり無責任な論です。

冒頭の「はじめに」に述べたように衆参議院選挙によって改憲党派が改憲発議に必要な3分の2の議席を獲得しました。日中戦争や太平洋戦争の前に共産党が事実上壊滅していたのと同じ事態になる危険があります。その前にどうしても確かな抵抗勢力として新生する必要があります。ここが戦前から引き出す最大の教訓でしょう。

3、戦後の「宮本路線」の成果と今日に続く制約

(1) 敗戦から「50年問題」そして再統一へ

前記したように日本共産党はフランス、イタリア、そして東欧の国々のように連合軍のソ連軍やアメリカ軍と呼応して戦争遂行政府を倒して国民を解放することは出来ませんでした。日本における占領軍の主力であったアメリカ軍によって刑務所から解放され合法政党化した日本共産党は、アメリカ軍を「解放軍」と規定し「占領下の平和革命論」を展開していました。ところがスターリンによってコミンテルンの後継組織として1947年につくられたコミンフォルム（ヨーロッパ共産党・労働者党情報局）が、その機関紙「恒久平和のために、人民民主主義のために」おいて1950年1月6日、突然公然と「アメリカ占領下での平和革命論は間違いである」との批判を展開しました。野坂・徳田らは、それに異論を唱える所感を表明しました（所感派）。それに対して宮本・志賀・袴田らは同調しました（国際派）。ところがアメリカ占領軍から、共産党中央委員ならびに国会議員が追放されるという事態に追い込まれたとき、徳田・野坂は宮本・志賀・袴田等を排除し非合法活動に入ったのです（事実上の党分裂を引き起こした）。

その後、徳田・野坂はスターリンと毛沢東のお膳だてで北京に亡命し、北京機関という組織を立

ち上げます。そしてスターリンの指導に基づき「51年綱領」を採択します。そこでは「平和革命はありえず武力革命」という方針が決められました。その方針に基づき、日本国内では火炎瓶闘争や山村工作隊などの行動が組織されますが、国民から大きく見放され、35名いた国会議員はゼロとなり、10万人ほどいた党員は2万名余りとなったのです。破綻が明らかになりつつあった1953年、スターリンと徳田が相次いで亡くなり、党は再統一へ進み始めます。1955年に第6回全国協議会が開催され、統一を取り戻すとともに「武力闘争の停止」が確認されました。数の上では所感派が圧倒的多数だったのですが、政治的には宮本・志賀らの国際派のイニシアチブが強くなり、この六全協で宮本が幹部会委員長となり党運営のイニチアチブを握っていったのです。そして曲折はあるが次第に「宮本路線」が確立していくことになります。

※なお宮本氏が党首であった時代の路線・活動を「宮本路線」と表現することについては宮本顕治氏も共産党も公式には認めていません。あくまでも彼が主導して推し進めた路線のことをマスコミなどそう表現していただけのことです。

（2）「50年代問題」の正確な整理とソ連からの資金援助問題

現在の党史では、「50年問題」は徳田・野坂分派によって行われた問題であり、党の方針ではなかったとされています。ある意味ではその通りだですが、重要な問題で消されたりあいまいにされている問題があるし、宮本などの国際派はずっと正しく、なんの責任もない問題なのか解明する必要があるでしょう。

当時の共産党員の圧倒的多数の人々の人生を奪い、今日に続く思想的葛藤をつくった問題を、そのように単純化して扱っていいのでしょうか。コミンフォルムが日本共産党の「占領下平和革命論」を批判した時、それに同調したのは宮本顕治氏らの国際派なのです。そして50年問題を収拾するために開催された「6全協」における決議案文は、ソビエト共産党・中国共産党によって用意されたものであり、内容的に「51年綱領はすべて正しかった」と規定しました。つまり51年綱領はスターリンが一字一句手を入れたものであり、6全協文書もソビエト共産党から与えられたものだったのです。宮本顕治が「51年綱領はすべて正しかった」に同意したから6全協は成り立ったということです。また徳田と並んで「51年綱領」を受け入れ、北京機関において中心的役割を果たした野坂参三の責任を問うことなく、第一書記（のちに議長）に置くことにも宮本氏は同意しました。これらの問題を抜きに、宮本顕治は正しく、「50年問題は徳田・野坂分派によるものだ」というだけでは、歴史の検証には耐えられません。

91年にソビエトが崩壊したとき、マスコミが公文書館の調査によって、6全協後も共産党が野坂・袴田を窓口としてソビエトから資金提供を受けていたことを明らかにしました。それに対して宮本等は「ソビエト盲従の野坂・袴田が勝手にやったこと」と表明しました。それではその金は野坂や袴田が私物化したのでしょうか。それであれば規律違反として処分しなければなりませんが、そういうことはされていません。つまり野坂ルート、袴田ルートを通じて共産党中央に入っていたとしか考えられないのです。「6全協」文書そのものがソビエト共産党から与えられたもので、「統一を回復」した当時の共産党はまだ自主独立を確立していなかったし、財政難の時期でした。社会党には社会主義協会派を通じてソ連から資金が入っていました。このことを共産党は暴露・批判していますす。過渡期の弱点として謙虚にふるまう必要があるのではないでしょうか。

(3)「宮本路線」の成果と制約——自主独立・平和革命論・大衆的前衛党建設

「宮本路線」の成果として、次の三つの問題を挙げるのについて、あまり異論はないでしょう。

①自主独立路線　共産党は戦後の最初から自主独立ではなかったが、深刻な50年問題を通じて、1960年の綱領確定はソ連・中国の介入を排し自主的におこないました。そして1964年、部分核停条約をめぐるソビエト共産党からの干渉攻撃、続いて1966年から文化大革命をすすめる中国共産党毛沢東一派から文化大革命を支持するようにとの干渉攻撃を受けましたが、これらとの闘いを通じて1966年の第10回党大会において自主独立路線を党大会決定として確立します。

②平和革命論　1958年の第7回党大会で「51年綱領」を正式に廃棄するとともに、ソ連や中国などの外部から指導を排除し日本革命の戦略を確立していきました。その結果アメリカ帝国主義と日本独占資本という二つの敵を倒す、反帝反独占の民主主義革命を通じて連続的に社会主義へ向かうという二段階連続革命を、議会において多数派を形成して行うという平和革命路線を確立し、日本の実情に合う闘いの羅針盤を確立しました。

③大衆的前衛党建設　勤評・警職法・安保改定反対の闘いを通じて日本共産党は社会的・政治的に影響力を広げていきます。しかしそれに比して党の組織的影響力は弱かったのです。そこで1958年11月「党勢倍加運動」が提起され大きな成果を上げました。以来一貫して持続的に党勢拡大を目指す「月間」が行われ、1958年の第7回党大会時に3万数千名であった党員は1980年の第15回党大会時には50万の党員、350万の「赤旗」読者を確保し、大衆的衛党の建設に成功し、日本における無視できない政治勢力への前進を遂げました。

では、「宮本路線」の今に続く制約はどこにあったのでしょうか。

「失敗は成功のもと」という言葉がありますが、私は、子供時分から「成功は失敗のもと」という言葉を教えられてきました。つまり成功の陰に隠れて見えないが、それを放置しておくとやがて失敗に陥って行くものであり、その是正を速やかにおこなわなければならないということです。宮本路線には次の三つの是正すべきことがあったが正されず、次第に陰りが生じていきました。

一つは、「宮本流・不破流」マルクス主義の堅持です。さらに度重なる「月間」による疲弊が二つ目です。しかしこれはすでに述べたので省略しましょう。

三つ目の問題は、「宮本流民主集中制」への固執です。

先に記したように「民主集中制」は守るべき組織原則としてコミンテルンの加盟21箇条の中に記載されていました。それは軍事革命を前提とした組織論であり、各国共産党はこの組織方針を取ることが義務付けられていました。日本では１９５７年の第７回党大会において武装暴力革命を破棄し、１９６１年の第８回党大会で議会を通じて一歩一歩社会変革をすすめるという方針を採用しましたから、その段階で「民主集中制」を改め、普通の党の民主主義的組織原則に移るべきでしたが固執してしまいました。

職業革命家が核となった党／下級は上級にしたがう／決定は無条件実施／分派は認めない／上級が招集した会議でなければ横の連絡は認めない。これら民主集中制の原型は、専制的なロシア帝国の下で非合法に置かれ、少数者による軍事革命で権力を奪取したロシア共産党の組織原則を基にしていますし、革命後レーニンが反対派の行動を縛るために「分派の禁止」などを定めた組織の在りかたです。それは専制政府との闘いに必要であっただけではなく、反対派によるイニシアチブ獲得を阻止するための組織方針でもありました。

しかし日本では第八回党大会で平和革命路線が確立された後も、宮本体制の下でこの組織原則が踏襲されただけではなく、日本独特のものが持ち込まれました。

一つは自由な討論に基づき多数決で運営することをしないことです。二つは党首を選挙で選ばないことです。これらについては先に記しているので省略します。

これらの問題をどう改革していくべきか。そのことを次章であらためて書いていきます。

第八章

日本共産党の新生を願っての改革提案

1、マルクス流共産主義を目標から外し、社会変革を願う人々との共同に努める

今まで見てきたように、マルクスの理論に基づいて行われたロシア革命とそのあとのソビエト社会主義建設は失敗し崩壊しました。中国も行き詰まり、共産党一党独裁の下で外資導入を牽引車にして資本主義化をすすめ、開発独裁型の大躍進をしました。そして日本共産党自身、「社会主義への道は長い過程」と言い出し、共産主義の実現を政治目標から遠ざけつつあります。にもかかわらず共産党の元議長で常任幹部会員・社研所長の不破哲三氏は、マルクスのあれこれの文献を恣意的に取り出して「未来社会論・共産主義」を説き、全党員への学習を呼びかけています。

共産党は国民の団結を図るために不破哲三流の未来社会論・共産主義を根本目標から外すべきところに来ています。それでは資本主義に問題は無いかと言えばそうではないことは明白で、多様な人々が「資本主義の危機」「資本主義の終焉」など様々な形で資本主義の克服を説いています。しかし提唱者の多くは、資本主義の先の社会は100年200年単位先のこととして述べています。そうしたときに不破氏が、資本主義の先の未来社会についてあれこれ論を立てて、それと違う論を立てる人を「真のマルクス主義者ではない」と批判したり無視したりすることは、様々に社会進歩を望んでいる人々の団結を妨げるだけです。あらゆる社会主義志向勢力を結集して闘うという立場に立つなら、簡潔に「資本主義を克服し、自由・平等・共同の社会を目指そう」と言うぐらいのこ

とで良いでしょう。

ところで私は『ポスト資本主義のためにマルクスを乗り越える』（かもがわ出版）という本を出し、我々はマルクスを乗り越える必要があると説きました。その少し前に若手研究者である斎藤幸平氏が『人新世の資本論』という本を出版しました。従来のマルクス理解は、生産力の発展が世界を変え、労働者階級が革命によって資本主義を打倒し、より生産力を発展させるという解釈でした。しかし斎藤氏は、『資本論』第一巻を完成させて以降のマルクスは、際限のない生産力の発展は環境破壊を起こし人類の生存の基盤自身を脅かし始めているとの認識の下、生産力の発展を追い求めるべきではなく、「脱成長コミュニズム」「アソシエーション（共同社会）を目指すべきである」と述べていたことを明らかにしました。この晩期マルクスの到達点についての新しい解釈は大きな反響を呼んでいます。この本は私の本と同様に「赤旗」での論評や広告は掲載されていないだけではなく、全く無視されています。私は斎藤氏の説について『ポスト資本主義のためにマルクスを乗り超える』で辛口の批評を行いましたが、否定しているわけではありません。マルクスを乗り越えるか、晩期マルクスに新しい変革の方向を見出すかは別にして、資本主義を乗り越える社会を導く方向として、不破流のマルクス解釈だけではなく多様な変革の理論があり得るのです。不破流マルクス解釈だけが正しく、他の理論は批判・無視するというやり方は建設的ではないでしょう。資本主義を批判し克服していくために、今求められているのは自由で対等平等な研究討論で共同の道を探ることです。

いずれにしても重要なことは、反核平和、気候変動阻止・回復、多国籍業の横暴規制などの人類的課題の解決のために、世界の国々・ＮＰＯと共同する日本政府の実現のために国民的団結を図ることです。

そうした中で一国単位の社会変革としては、さしあたって、まずは「北欧型福祉国家」＋「南欧型協同組合運動」を追求すべきではないでしょうか（これはあくまでも私の試論として提起）。その先の事は人類文明的に多角的に議論すれば良いのです。

我々のめざす運動はマルクスがどう言ったかを方向性とするものであってはなりません。現実の社会状況、国家制度、運動を下に、国民の願いにこたえて運動を積み重ねて行く先に答えがあると考えます。今、求められているのは何か、困難の中でも進んでいる運動は何か、それを解明し発展させる方向に、新しい社会像が浮かんでくると思われます。

2、新自由主義を克服し、企業の横暴を国際的にも国内的にも規制する

国際的には最近、先進国間で企業の租税回避を規制するため最低税率を15％にすることで合意が

されました。ＣＯＰ26で２０３０年に産業革命以降の気温上昇を1・5度以内に抑える為に化石燃料の消費を50％減らすなどの合意が行われました。次のような社会変革が不可欠です。

①格差が拡大している下、国家の再分配機能を強化することです。また所得（ＧＮＰ）保障だけではなく住宅・教育・医療・福祉、労働時間削減など生活の質の改善を進めることが必要です。コロナ渦、世界的に人と対面・接触する仕事に従事し、狭い貧困な住宅に暮らす弱者に被害が集中しました。そうしたこともあり先進国では各種給付金という形で所得保障の試みが行われました。しかし所得保障だけで生活が改善されるかというとそうでないことは明確です。文化的住宅、社会発展に見合う教育、国民皆保険・年金等の医療・福祉の充実、そして労働時間の削減による人間的生活向上を進めるべきです。

②私が提起する「北欧型福祉社会」＋「南欧型共同組合運動」とはどんなものでしょうか。所得の再分配機能を強化した北欧型福祉社会づくりは運動や選挙を背景にしますが、実行は国家や自治体によって形成・実行されるものです。しかし国民主権の下で国民の主体的参加を実行するために国家や自治体による執政だけではなく、共同組合・従業員持ち株会社・財団法人やＮＧＯ等の様々な非営利法人などで、国民自身が労働と経営を管理する運営が大切です。自治体や国の事業を暫時

これらの組織に委ねていき、ソ連などで起こった官僚主義を防ぎ真に働くものが主人公となる社会にしていくことが大切です。

なお一般的には余り知られていませんが、北欧型の福祉国家においては日本と比較して労働者の雇用規制はゆるいものとなっています。産業構造・技術革新の変化のテンポが速い現代において、従来型の年功序列・終身雇用の維持は難しいのです。だからと言って新自由主義に基づき、労働者の解雇自由化や非正規化を行うことは、労働者の貧困化とともに国の活力も奪っていきます。スウェーデンやデンマーク、ノルウェーでは解雇された労働者が新たな仕事につくための教育（大学教育を含めて）を無償で保障され、大学生の半分が23歳以上の社会人経験者となっています。なお多くの場合、仕事を辞めて大学へ進学する場合、学費免除だけではなく最低限の生活保障金が支給されてきました。そして丁寧な就業斡旋を受けられるため労働者は心配なく仕事をやめ、新たな能力を身にけて新しい産業・企業に転職しています。そのため産業界は思い切ってイノベーションを進めることができ、日本以上に活力ある社会・国家を築けているのです。教育の機会均等が保障され、高等教育まで無料化（近年は一部有料化が持ち込まれていますが）されています。所得下位20％の家庭に生まれた人の最終的な所得水準を見ると、生れた時よりも上位に上がれる人の割合はスウェーデンで73％で、アメリカ（67％）より高いという研究もあります（「読売新聞」２０２２年１月1日、一面記事）。

③こうした改革は、マルクスやレーニンが述べたように政治革命を通じて一気に進めるというものではありません。現行の国家の下で、大衆運動を基礎にした選挙闘争による議席増大に応じて改革が進められていくものです。同時に国家や自治体が変革される前から、協同組合や持ち株会社、財団法人などの創設・拡充が進められ、生活の改善と管理運営の経験を積み重ねていくのです。従来型の市場を通じないで、インターネットによって消費者と生産者が結び付き両者の生活が改善されるとともに、都市と農村の交流を進めるなど様々な場所で交流と連帯そして生活の質向上を追求していくべきでしょう。

こうして社会の様々な分野でゆっくりとした改善が進んでいく運動と、それによって作り出されていく連帯した社会を、とりあえず私流の「ポスト資本主義的共同社会」と名付けておきます。問題は共産党の存在意義の第一は、国民の護民官であるべきであるにも関わらず、こうした取り組みを持続的に活動する点で以前に比べて大幅に後退していることです。

その後をどう展望すれば良いか。人類がそこでとどまるわけはありません。しかし私がここであれこれの空想的議論を展開しても意味がないのです。明確なことは人類は自然の一部であるので、自然の循環を乱さず、自然と共生していく社会を展望していくことになるだろうということです。同時に社会的には、地球市民として人類共同体を追求していき、1人1人の個性を尊重する社会、ジェンダー平等を含めて人種・障害等の違いを超えた平等社会を求めて行くのでしょう。ともかくマルクスの古典を引用し、特定の未来社会論を「これが正しい」として他の未来社会探求を間違っているなどと排斥することなく、人類共同の課題で連帯しながら多くの人々が自由に研究・討論していく中で先が見えてくるという見地に立つべきでしょう。

その際、社会的共同は多様な形で進めていき、相互に学びながら、実験的に進めていくことが大切だと考えられます。自治体の民主化、協同組合の建設・充実、労働者持株会社、公共的資本主義企業、ＮＰＯ法人経営、財団法人、学校法人など業種・産業分野、社会的性格の違いに合わせて多様な経営形態での取りくみを進め、その一長一短を学びあいながら進めるという実験的対応です。「どれがいい、どれは間違っている」などの無用な否定的議論を廃し、実験的取り組みを進めることが大切です。

この点で拙著『ポスト資本主義のためにマルクスを乗り越える』で紹介したように、古くはマルクスと同時代のプルードンやジョン・スチュアート・ミル、ウィリアムス・ミルそして新しくはアンセル・ホネット（近著に『社会主義の理念』（法政大学出版会）がある）などの説は学ぶ必要があります。

こうして様々な共同組織によって生活擁護と連帯を築きながら、併せてその運動・取り組みを基礎に政治の革新を図ることを追求すべきです。こうした取り組みと呼応する政党が必要です。つまり「革新・共同」的な党です。志位委員長、私は共産党がそのような党へ脱皮していくのが良いと思いますが、貴方はどう思われますか。

私の友人たちの中には年金者党、環境党、生活者の党と同様に革新共同党の創立もありうるのではないかと言う方がおられます。それで私は、その党と共産党の関係はどう考えておらますかと質問しました。「共産党に残りたい人は残り、新しい党に移りたい人は移るだけでなく、統一戦線的な党として作り、二重党籍を認めたらいいのでないか、ただし自分は高齢だから、そのような党づくりや行動を行う馬力はないので、共産党員として静かにあの世に向かうことでしょう」と言われました。そうした構想を含め日本社会変革の展望について従来の枠を超えた自由な討論が必要だと思いますがどうですか。

3、全党員参加の党首選挙の実施を含め抜本的な党の改革を

(1) 連合時代における政党のあり方

アメリカ・イギリスを除く先進国の大半では、階層分化・要求の多様化の下で、一党で国民の多数の支持を獲得し単独で政権を樹立することは難しくなっており、連合政権となっています。その際、政権側と野党の間では、政策的違いは思われているほど大きくはありません。野党に対して与

党から「何でも反対の野党」と攻撃される場合がありますが、実際には日本においても政権側や自治体の首長側から提案される法律・条例の8割から9割に共産党を含めた野党側は賛成しているのです。したがって政権選択が課題となる選挙時における政策においても、政権側と野党側でそれほど極端に異なる政策が掲げられているわけではないし、野党側が極端に異なる政策を掲げれば国民の過半数の支持を得るのは難しいのが現状です。共産党でさえ連合政権の政策には天皇制廃止や自衛隊廃止、安保破棄は持ち込まないと言っています。つまり選挙を通じて暫時社会を変えていくという方針を取る限り、連合政権の道しかないし、政策においても政権与党と極端に異なる政策をかかげて闘う事もないのです。そうした下で選挙における争点はせいぜい4、5点であり、それも国家の在り方をめぐっての根本問題ではなく「消費税を10％から以前の5％へ戻せ」程度のことです。そういう下で選挙を戦うにあたっては、選挙の顔となる政党の党首のキャラクターの果たす役割が大きいのは明らかです。すなわち国民的なスター性がますます望まれるようになるということです。実際、アメリカの大統領選挙、ヨーロッパの選挙をみても、政策に大きな違いはないがキャラクターの違いでの人気投票的様子が大きいと思います。共産党も個性にあふれ、人をひきつける魅力ある人物を党首などに担ぐ必要があるでしょう。

政党は元々、自らの政策で国民の支持を得て多数を獲得し、政権を樹立し社会を変えることを目的とした組織です。すなわち政党員は自ら所属する政党の政策の正しさに確信を持ち、強い帰属意識を持つことを要件としてきました。ところが連立連合政権を担うということは、A党の政策でなく、B党の政策でもない調整した第三の政策で選挙を闘うことを意味します。そして候補者は自らの政党に所属している候補者だけではなく、統一候補であったり、他の党の候補者を推して闘うことになるのです。その結果、以前と比べて政策的確信・帰属意識が緩やかなものになることは避けられません。そのため連合政権を組んでいる自民党や公明党も党員拡大に成功していないどころか減少に苦しんでいます。連合政権が普遍性の時代となった今、政党の新しい組織・活動スタイルの確立が必要です。

以上のように検討してくると、共産党の在り方について「社会民主主義政党に脱皮すべきである」との意見があります。私はそれも有力な考え方の一つであると思っています。しかし私はなお考えるべきではないかと考えています。それは自公連立政権、そして自民党の在り方を考えるからです。つまり自公政権・自民党にたいして共産党が社会民主主義政党に変わるだけで本当に国民の多数を結集出来るかです。自民党は独特の政党で、党内には岸信介以来「改憲を声高に叫ぶ」「右派勢力」と吉田茂以来「軽安保・経済重視」の「経済派」の二潮流が存在してきました。

安保条約改定を強行した岸信介政権の後には「所得倍増」を掲げた池田勇人政権、「沖縄返還・70年安保」を進めた佐藤栄作政権後には「日本列島改造」を掲げた田中角栄政権が登場するなど「振り子の原理」で国民の世論・要求を取り込んできました。自公連立政権では、公明党が参加することによって「自民党の暴走を食い止めている」との印象を国民に与えています。そうすると社会民主義政党への脱皮だけで、この自公政権を打倒出来るだろうかということです。自公政権に代わる連立も、また共産党が脱皮すべき政党のあり方も野党連合の中に健康保険のあり方などの個別政策のグループの存在を認めるレベルではなく、左右に多少色合いの異なる政策集団を許容する複合的な党でなければならないのではないかという思いを強くしています。この本では問題提起とし、この点で多くの人々との討論・共同研究で模索していかなければならないと思っています。

(2) 党首を含めた指導部の任期制、定年制、党員による直接選挙

①国民主権の民主制国家においては、大統領制、議院内閣制にかかわらず大統領や首相は任期制が定められている国があります。また多くの党では議員の定年制も定められています。中曽根元首相もそういう規定にもとづき退任しました。日本においては党首の選出は自民党・立憲・維新の会は国民に選ばれた国会議員と全党員による直接選挙を組み合わせたものとしています。なお公明党は全党員参加ではありませんが、党規約では10名以上の国会議員の推薦で党大会において党首を選ぶことになっていますが、実際には党大会の前に創価学会との内々の協議で無風の信任投票としています。いずれにしても国民主権を基礎にした政党活動として日本共産党も他の党と同様に党首の

党員による直接選挙を導入すべきでしょう。導入しない特段の理由は見当たりません。

志位委員長・貴方は自分の口で「党首を全党員参加で選ばない理由」を述べるべきですが述べていません。どうしてですか、答える必要があると思いますが、いかがですか。自由と民主主義を打ち立てると公約している党が、自らの党首さえ選挙で選ばないというのでは国民から信頼を得るのは難しいと思いますが、いかがですか。

入党してはじめて地区党会議や県党会議、党大会に参加した人が違和感を感じる事（もちろん感じない人もいる）の一つは、先に示したように方針が満場一致で決定されること、そしてもう一つは役員選挙です。そこではほとんど場合、地区党会議であれば現在の地区委員会からの推薦名簿が唯一で、代議員の中からの立候補者がいないことです。

この点に関しては、２０００年に開催された第22党大会の規約改正で「選挙人は自由に候補者を推薦できる」とされている規定とかかわって「自薦（立候補）の権利を明記をすべきである」との意見が出されました。それに関して、不破委員長（当時）は「この自由のなかに自分を推薦する自由をふくむものだというのは、すでに現行規約の解釈となっていることです。１９７６年に党中央の通達をだし「立候補（自薦）をふくむ党員の被選挙権を認めたものであり、これが規約の原則的な当然の解釈として徹底しました」「この22大会で、自薦をふくむのが現行の規約の解釈なのだということを明らかにすることで解決としたい」としました。それであれば解釈ではなく明記すべきであったと思いますが、問題はこの２０００年の第22回党大会以降も自薦（立候補）はほとんど行われていないことです。したがって多くの代議員の中では「地区委員会が推薦した人が地区委員になっている」という感じ方をするのでしょう。

②ところで先に自民党の総裁選挙が行われました。安倍・菅政権の行き詰まりで菅政権そして自民党の支持は大きく後退していました。しかし全党員参加の総裁選挙で自民党員の自覚を促す契機にはなったでしょう。

共産党の役員選挙に関してもう一つの問題は、その投票方法です。20名の役員を選ぶ時、一人ひとりの投票用紙があるのではなく、最高裁の裁判官審判のように複数の候補者名が書かれ、その上に○×を書く形式になっています。この方法は×をつけにくく、よほどの事がない限り全員が圧倒的多数で○（信任）となる場合が多いのです。しかも多くの場合、会場が狭いこともあって、隣の席から見える代議員席で書き込み投票するということが行われてきました。

※この方式では知らない候補者には×は付けにくく、実際には身近に知っていて党の幹部にふさわしくないと思う地区委員長や地元議員に×が多くつく傾向になっています。

③中国共産党においては、毛沢東の個人独裁体制の下、大躍進や文化大革命が引き起こされ何千万

人もの人々が亡くなる国民的悲劇が生じました。その教訓から、
a.個人独裁体制を否定し集団指導体制の確立、
b.それを保障するために任期制（最大2期10年）、
c.そして定年制（選出の時点で70歳以下）、
が定められ実行されてきました。

ところが習近平氏は2期目を迎える2018年の党大会において、任期制と定年制を撤廃し個人独裁体制を強めました。日本を含めた先進国のマスコミなどは習近平体制が毛沢東時代の個人独裁体制に戻りつつあると批判しました。しかし定年制も任期制も設けていない日本共産党はこの問題に対してコメントしませんでした。そして2022年10月の党大会において習近平氏は3期目に入り、慣行としていた「選出時68歳以下」を破り69歳であるにもかかわらず党の代表になり、しかも最高指導部である7名の常務委員を全員、習近平氏のかつての部下で固めました。志位委員長・貴方は、この中国の体制問題についてどうお考えですか。

アメリカの大統領選挙はどうでしょうか。政党（今では共和党と民主党）が選んだ大統領候補が国民の選挙によって大統領に選ばれています。その大統領候補は全党員の選挙によって選ばれています。大統領選挙の制度的問題や党員選挙の制度設計の問題を上げればいくらでもあります。しかしともかく大統領は全国民によって、大統領候補は各政党の全党員によって選ばれているのです。

中国人は習近平氏の選挙にはかかわっていません。しかしその中国人はテレビ報道で、アメリカでは黒人、白人、男女、高齢者・若者が入り乱れて国民的選挙を行い大統領が選ばれていることを見聞しています。大統領選挙そのものが政治制度におけるアメリカの優位性と中国の政治制度の問題を示すことになっているのです。

日本でも自民・立憲・維新・れいわ新選組が全党員参加の選挙で党首を選んでいる様子がマスコミを通じて何日も報じられています。ところが共産党は相も変わらず後継者氏名で党首が選ばれています。このことに国民そして党員の多数の人が違和感を感じ、その改善を望んでいるのです。

④県・地区の役員体制についても改革すべきです。

県役員が選ばれる県党会議の前に党大会があり、そこで中央役員に選ばれた人が県党会議において県委員長になっています。地区党会議の前に県党会議があり、そこで県役員に選ばれた人が地区委員長に選ばれています。

2000年に開催された第22回党大会までの規約では以下のように書かれていました。

第44条　都道府県委員、准都道府県委員および委員長（副委員長）は、選出されたのち中央委員会の承認を受ける。

第51条　地区委員、准地区委員および委員長（副委員長）は、選出されたのち都道府県委員会の承認を受ける。

つまり地区役員は県委員会の、県委員は中央委員会の承認が必要でしたが、これでは文面的には地区党会議で選んでも県委員会が承認しなければ地区役員体制は確立できないというものでした。これではなんのために選挙をしているのか分からないので、さすがにこの条項は２０００年の第22回党大会で撤廃されました。

余り知られていませんが、都道府県にいる中央役員の給与は中央委員会から支給されてきました。つまり県委員長の人事と給与は中央委員会が掌握できるようにしてきたのです。22大会以降も中央委員に選ばれていない人が県委員長になることも、県委員に選ばれていない人が地区委員長に選ばれることも行われてません。

共産党は２０００年の第22回党大会の規約改正で「上級・下級という表現は改める。任務が違うだけで上下関係ではない」「県・地区は自主性がある、つまり自立した組織である」としました。しかし人事の中心である県委員長の人事を実質、中央が掌握していて、どうして自立性などと言えるのでしょうか。６中総に基づく「特別期間」が開始された最初の月である8月末の「赤旗」において、主要都道府県の委員長が顔写真入りの名前付きで「8月を増紙で超えます」との決意表明文書を掲載しました。私はこれを見て「これでは生命保険会社の社内報で全国の支店長がノルマの目標達成決意文を掲載しているのと同じだ」との印象を持ちました。志位委員長・貴方は本当に「わが党の組織には上下関係はなく任務分担の違いだけであり、県は中央に対して下部組織ではなく自立した組織だとである」と思っておられるのですか。そうだとすれば余りにも改正された規約と違った党運営が行われていると思いますが、どう考えられていますか。

県委員長・地区委員長は国民に選ばれている議員もしくは議員経験者を資格要件とするべきです。すべての役員・代議員選挙において機関推薦は止め、自由立候補もしくは他の党員からの推薦とすることが不可欠です。代議員選挙にあたって、専従職員の比率は少なくとも3分の1以下にすべきですし、役員の半分以上は専従職員でないものにすべきであるし、役員・議員は半数を女性とすることが求められます。

かつて共産党は国会議員でない宮本顕治氏が党を代表して党首会談などに出ていましたが、社会的合意が得られなくなり参議院議員となりました。現在では党の三役は国会議員となっています。国民主権の議会制民主主義における政治制度の下の政党はそうでなければなりません。しかし県機関や地区機関はそうなっていません。今だに議員でない人が県委員長や地区委員長を務め議員を「指導」しています。国民に選ばれている議員が県委員長や地区委員長に就任すべきですし、議員予定候補者は公募・推薦・自由立候補としたらいいでしょう。

⑤中央委員、県委員、地区委員などの各種選挙ならびに県党会議・党大会代議員選挙において「機

関が推薦する」やり方は止め、すべて自由立候補制とするのはどうでしょうか。また投票の秘密を守る投票場を確保し、投票は連名一括方式ではなく個人別投票用紙で行い、個人別得票結果を公表することも大切です。

⑥中央役員はほぼ１００％、中央委員会から「給与」が支給されている専従者か、団体の専従職員です。京都のように「大きな力量のある県委員会」の県委員もほぼ１００％がそうです。それは広く国民の要求・気分・判断を反映しがたくしています。役員の半分以上は党の専従職員でないものにし、県党会議や党大会の代議員の内、専従職員の比率は少なくとも3分の1以下にすべきでしょう。日本共産党の運営では専従職員の人数が他党に比べて異常に多いと思います。つまりレーニン型・コミンテルン型の「職業革命家中心の党運営」を引きずっています。「革命党の幹部政策云々」と同じ構造ですが、普通の民主政党に変わる必要があります。

⑦中央・県・地区の議事録と財政を公開するべきです。これらは日本社会での一定の社会組織の常識であり、共産党も構成員にわかるように公表する必要があります。

以上のように党首を全党員参加で選ぶなどの改革を進めたからと言って、即共産党の支持が増えるとは思いません。少なくとも党首を全党員参加で選出することは、すでに自民党・立憲・維新の会などで行われていることですから、その改革だけで国民的支持を広げることにはならないと思われるからです。しかし党内は活性化しそれが党勢拡大のバネになるでしょうし、共産党を支持しているがその組織的体質から入党を留まっている人の踏ん切りが付き、入党の壁が取り払われ入党への足がかりとなると思います。

（3）大衆運動の在り方と選挙

①ところで各国における今までの市民運動や労働運動は、例外を除けば国内活動です。従来の労働運動では、賃上げ闘争など期日が決まった統一行動的取り組みで進められ、構成員は皆同じ行動を進めました。しかしCO_2削減やプラスチック規制の取り組み、核兵器禁止運動は国内活動を基礎にしながらも国連決議なども含めた国際的連携活動が不可欠です。

私は１９９７年以来25年にわたって中国をはじめとするアジアで国際協力活動を進めてきました。環境問題などの国際活動は短くても数年、多くの場合、形になった成果が上がるまでには10年単位の活動です。専門的知識が必要なこれらの課題の運動は、一人の人があれもこれもできません。あれこれに顔を出し「やれている」と思っている人がいたとしても、表面的なことになって、長期に持続的に取り組んでいる人からは信頼されません。したがってお互いが異なる課題で長いスパンで持続的に活動するのを尊重する事が必要となっており、選挙のように期日を決めて皆が同じ行動をするやり方は例外的になっていくでしょう。選挙での前進も要求や課題の解決を目指す粘り強い持続的な運動の積み上げの中で、組織を拡大し支持を広げていく取り組みを抜きにはありえず、そうしない限り選挙はその時の風に頼ざるを得ないでしょう。つまり種を播き、粘りつよく育てる営み抜きに、安定した収穫を得られることはありません。

②今日の就業構造において製造業従事者は16％ぐらいで、大半はサービス産業に従事しています。そして非正規労働者が40％を超えています。女性や青年では50％を超えています。貧困者（平均所得の2分の1以下の人）が15％になっています。また65歳以上の高齢者が人口の3分の1となっています。つまり国民の多数派になるためにはサービス産業従事者、非正規労働者、貧困層、高齢者等の要求に基づいて組織できるかが決定的であり、あらたな工夫が必要となっています。

製造業の労働者は大半が工場で働いています。同じ場所で同類の労働と労働条件で働いているので、労働組合に組織しやすいのです。しかしサービス業の場合、職場は小さく、職種も労働条件も多様であり、従来のように企業別労働組合への組織は難しいのが現状です。個人加盟の産業別労働組合として組織せざるを得ないでしょう。最近世界的にアマゾンの職場で労働組合が組織されたとの報道がなされています。この場合は職場が同一で業務形態も一緒で、賃金も労働条件も変わらないため、サービス業ですが組合結成が比較的容易だったと考えられます。ところで働く人々の多くは、「自分は中流」とか「下層」だとか階層認識であり、「自分は労働者階級だ」と認識している人は少数です。そうした中で労働組合運動は困難になっていますが、市民として多種多様な運動には参加しています。より根本的に言えば、GDPに対し国家予算が25％を超え、収入の4割以上を税や保険料として収めている今日、「資本と労働」という関係にこだわりすぎず、国や自治対への要求運動・市民運動をもっと重視すべきでしょう。したがって今日「労働組合運動」に過剰な期待を寄せるより、形を変えた労働者の取り組みである各種市民運動の発展と組織化に務めるべきでしょう。職場を基礎にした組合運動は資本から攻撃を受けやすいものですが、市民運動は多様で、かつ雇用されている側からの攻撃も少ないのです。本格的に市民運動の強化に務めるべきでしょう。

③共産党は以前は労働者階級の前衛であり「一国一前衛党」という考えに立っていましたが、今では前衛党という規定を改め先進的役割を果たすと規定しています。しかし今や日本の国民が多様な階層に分かれ要求が多様となっている状態の下で、一党で国民の多数を組織できないことは明らかです、政権政党である自民党でさえ30％台の支持です。そうすると先に記したように連合しかありませんが、同時に低所得に基礎をおく「生活者の党」とか、高齢者に基盤を置く「年金者の党」、

環境問題を重点的に取り組む環境党など、要求を柱にした党の創立や発展も視野に入れる必要があります。

（4）「組織の三原則」についての今日的検討を

政党や団体において従来、組織の三原則つまり機関紙の購読、会費（党費）の納入、定例会議の参加が言われてきました。それは一つの理念・政策で結束し、統一的な行動を求める運動・組織においては適切な組織の在り方でした。しかし、

①機関紙という紙媒体が唯一の伝達手段ではなく、インターネットを介した各種の情報媒体が発達した今日、紙媒体の機関紙の購読で構成員を縛るのは難しくなっています。そうした運動の各分野は専門的な知識がいるので、一つの機関紙であらゆる分野をカバーすることは難しいです。インターネットを活用した分野別の専門情報を、しかもやり取り出来ない紙媒体の機関紙に依存するより、交流できる媒体の方が良いことが明らかです。そろそろ機関紙の購読をその組織の原則とするやり方について検討する時に来ています。しかもここにきて重要なことは、「赤旗」日刊紙の作成のために数億円単位の赤字が出ており、その継続発行が困難になっていることです。その意味でも思い切って紙の媒体である「赤旗日刊紙」の発行は止め「赤旗電子版」の拡充につとめ、現在の「赤

旗日曜版」を週刊誌形態の機関紙に変えるのが妥当でしょう。

ところでレーニンの重要著作の中に『なにをなすべきか』という本があります。その重要な命題が機関紙中心の党活動です。中央の方針を機関紙を通じて全党に徹底する、その配布網を通じて党組織を建設するというものです。志位委員長・貴方も若い時に一度ぐらい読んだことがあるか、現物を読み通していなくとも、その命題の重要性は教えられたことがあるでしょう。レーニンの革命党建設論の重要命題の一つが先に記した、職業革命家を中核とした民主集中制による党運営であり、もう一つが機関紙中心の党建設です。日本共産党はここにきて、その二つとも行き詰まりを迎えています。革命論だけではなく党建設論においてもレーニンを卒業する必要があるでしょう。

②帰属意識が弱まっているのにその組織の維持のために定期的に会費（党費）を納めるというやり方も困難になっており、いずれの政党・団体も党費・会費の納入率の低下が顕著に表れています。打開の方向として、運動・行動のためにその都度、自発的な「行事負担金」方式も一つの選択でしょう。つまり行動と所属意識を結びつけるやり方です。もちろん従来どおり定期的に党費・会費納めるやり方も構成員の選択で認めることはあり得ます。つまり実態に基づいて、ひとつの形態だけにしない事も検討してみてはということです。

③参加行動分野が異なる人が一緒に定期的に会議を行うというのも実状に合わなくなっています。もちろん選挙のように期日が決まっており、同じことをするような行動期間には一定の地域や職場単位で会議を行うようにすべきでしょう。この点で新日本婦人の会が編み出した「要求小組」は貴重です。統一的な運動は地域や職場を基礎にした班で、そして構成員各自の要求実現の取り組みは要求小組で行っているのです。

私がここで検討課題として言っていることに対して反論は可能ですが、問題は理論的なことではありません。他党に比べて規律が強いと言われている共産党でさえ、機関紙を購読していない、党費を納めていない党員が何万人とおり、中央決定を読了していない党員が半分もいるという実態に即してどう考えるかです。実態に即したように緩やかな組織とするのか、「少数精鋭」の組織として再確立するのかが問われているのです。

社会が複雑となり、階層分化が進み、要求も多様化している今日、労働組合は賃上げ・労働条件の改善以外の課題で統一的行動を組織することは困難となっています。しかも低成長もあって全国的な春闘方式も成りたたなくなっており、一層組織率は低下しています（全国平均17％）。今日、労働者の40％、青年・女性では50％を超えて非正規労働者です。この非正規労働者を組織することなしに労働運動・労働組合の新たな発展は考えられません。そのためには企業別労働組合だけではなく産業別あるいは地域別の個人加盟労働組合を組織することに力を入れない限り労働組合・労働運動の新たな発展は望めないでしょう。しかし既に述べたように形を変えた労働者の運動である市民運動にもっと力を入れなければならないでしょう。

(5) 党名問題について

共産党の中で永くくすぶっている問題の一つが党名問題です。そもそもコミュニズムという言葉を共産主義と訳したのが適切であったかという問題もあります。共産主義という言葉からは「財産の共有」というという事をイメージし、共同主義(協同主義)と訳すべきという意見もあります。いまでいう共産主義政党は、ロシアを含め第一次世界大戦までは社会民主党と名乗っていました。第一次世界大戦下ロシアの社会民主党以外の党が排外主義に陥り自国の第一次世界大戦への参加に賛成するという事態の中で、革命に成功したレーニンは党名を共産党に変え、世界的にも1919年に結成された第三インターの名前をコミンテルン(国際共産党)としコミンテルン傘下の各国の共産党に対して加盟条件として共産党と名乗るよう義務付けました。コミンテルン日本支部も日本共産党と名乗りました。1991年のソビエト崩壊を前にして東欧の党の大半は元の社会民主党などに改名しました。日本共産党も徐々にではありますがコミンテルン型・スターリン型の党であることを改めてきたのですから改名したらよいと思います。ただし共産党という名前で100年やってきたのですから、党名改名問題は全党員の意思つまり全党員参加でのアンケートで改名するしかないでしょう。改名する場合は、どのような名前が良いか書き込んでもらって一番多いものに変えるしかないと考えられます。

変えたところで〇〇党（旧・共産党）と書かれるのだから、あまり意味がないという意見もあります。また日本共産党という名前で価値ある闘いを行ってきたのであり変える必要はないという意見も当然の声だと思います。しかし新聞に日本共産党の良い取り組みが報道されることはほとんどありませんが、逆に中国共産党の名前で毎日、新聞紙上で良くないことが報道されていることは深刻な事実です。そうすると中国の政権党と同じ名前である共産党より、革新共同党などの名前の方がよいのではないでしょうか。いずれにしても全党員参加によるアンケートを行い多数意見に従うというやり方しか無いでしょう。

（6）最後に述べたいこと

最後に述べたいことは、共産党が正念場にあることです。それは党勢力・得票・議席が、これ以上に減ってはだめという事だけではありません。もっと本質的な問題です。

本文で書きましたように、コミンテルン日本支部として創設された時から抱えている問題であり、それを脱却しない限り国民に溶け込み前進できないのに、その課題に向き合おうとしていないために急速に自壊し始めていることです。以下の問題を本格的に検討しなければなりません。

①マルクス流（不破哲三流）の共産主義を根本目標として掲げることを止め「資本主義を克服し自由・平等・共同社会を作る」ために、多様な社会主義志向者の共同党になるか。

②党運営において多様な政治グループの存在を認めるとともに、党内外で自由な研究・討論によって世界と日本の進歩的方向を探求し多様な政党・団体・個人との共同行動を進めるか。

③「専従活動家」を核とした民主集中的党運営・「赤旗」中心とした党活動を改め、フラットで緩やかな市民運動的党運営、個人が尊重される党活動に脱却できるか。

④党首を全党員参加で選出するのをはじめ、各種役員・代議員の選挙において機関推薦を改め自由立候補、専従活動家の比率削減、男女比率を対等にするなど世間の常識に基づく役員・代議員選挙の抜本的改革に踏み出すかどうか。

志位委員長・貴方はここに記したような改革を行う意思をお持ちですか。これらの改革に踏み切らなければ、高度に発達した資本主義国で、ある程度民主主義が定着した日本においては、時々の政治情勢の中である程度の議席や得票が増えることはあっても党勢の前進は難しいと思いますし、新生する方向へは進めないだろうし、共産党は社会的には極少数の勢力に陥っていくでしょう。そんなことにならないで新生してほしいと切に願うものです。

あとがき――本文への補足を含めて

私は2022年4月に『ポスト資本主義のためにマルクスを乗り越える』（かもがわ出版）を出版したばかりです。その後、ベトナム枯葉剤被害二世・三世の障害青年のためのJICAプロジェクトの推進、京都高齢者大学校・北近畿社会人大学校の運営などに携わりながら7カ月で一気に本著を書き上げました。

冒頭に書きましたように私は15歳で「60年安保闘争」に遭遇して社会問題に芽生え、18歳の高校三年生の時に日本共産党に入党して以来60年が立ちました。しかし今や共産党は国政レベルでは取るに足りない勢力になりつつあり、どうしても共産党に新生してもらいたいとの思いで、本著を志位和夫委員長宛ての長い手紙形式で「思いの丈」を書き綴りました。

しかし書き進めているうちに、単に自分の人生にとって大切な共産党がこのまま衰退するのではなく新生してほしいとの思いだけで書いているのではないとの思いを強くしてきました。危機的状況にある日本社会において、日本の後退を食い止め新たな前進を図るためには政界・社会において日本共産党が新生し、しかるべき位置を占めないと駄目だとの思いを強くしているからです。この点を少し詳しく述べます。

戦後社会において1955年という年は政治的には重要な節目の年でした。それまで左派社会党と右派社会党に分かれていた社会党は統一し日本社会党となりました。それに危機感を抱いた自由党と民主党も合併し自由民主党になりました。同じ年、判断・思いは違いますが共産党もそれまでの「所感派」と「国際派」との分裂を克服して統一し、日本社会に根差した変革を模索・追求するようになりました。

その後、社会党は村山富市党首を首班とする内閣を組閣するなどの時期を経て四分五裂しました。また時の政権の運営の在り方を契機に自民党から離反し新自由クラブなど様々な新党が生まれましたが、ほとんどが消えてなくなりました。こうして日本の政界では「55年体制」確立以降、続いている政党は自民党と共産党だけになっています。なお1964年結成の公明党は宗教組織である創価学会を基盤とした政党であり、消えてなくなる可能性はありませんが、さりとて国民の多数を組織する可能性もありません。したがって今後の日本の政界を展望する場合、自民党と共産党を軸とした闘いにきちんと目を向けなければならないと思います。このまま共産党を衰退させ取るに足りない勢力にさせてはならないのです。

自民党は政権政党・自治体の首長を掌握している政党として利権ばらまきを軸に、腐敗・汚職をともないながら支配体制を維持してきたし今後もそれが基本となるでしょう。それにたいして共産党は政権や自治体の横暴にたいする抵抗勢力として活動し、その中で要求を実現し支持を広げるとともに党勢力を広げてきました。したがって共産党はある意味では大衆運動型の政党とも言えました。ところが1970年代に「人民的議会主義」を唱えるにしたがって、全国的な○○統一行動などは行ってきましたが、現場の地区や支部等では選挙と拡大に傾斜し、次第に共産党の十八番であった大衆運動の比重が弱まる傾向が生まれてきました。日本における政治革新にとって選挙と拡大は重要ですが他の政党も取り組んでいます。共産党が他の政党と明確に違ったのは大衆運動・現場での世話役・要求実現の取り組みでした。この分野での取り組みの停滞・後退は共産党にとっては致命的だと思います。本文でも書きましたがロシアのウクライナ侵略にたいして全ての政党が反対しています。共産党が反対を主張したり書いたりしても、それで他党に比べて国民の支持を広げられることにはなりません。問題はいかに効果的な支援活動をするかです。この点で共産党は停滞・後退を打開するためには、かつては十八番であった大衆運動の抜本的強化に務めなければならないでしょう。

また日本共産党の魅力は、戦前では「日本資本主義発達講座」・戦後70年代ぐらいまでは「先進国革命論」などの卓越した理論性でした。もちろん今から見れば時代の制約性を受けるものでしたが、国民とりわけ未来を担う青年学生と社会において知的影響力の強い知識人の中での理論的な信頼は強いものがありました。おそらくこの本の読者の大半の人が若い頃、共産党はまだ小さな政党でしたが、共産党の幹部が書く理論に魅了され共産党に飛び込んだ人が多くいたと思います。

しかし本著の中で記述しましたように、１９７０年代中期ごろから党の内外において宮本顕治氏と異なる意見・理論を述べる人を共産党は激しく批判し排除するようになりました。そのため党外の知識人からは「共産党に物を言うことは避ける」つまり相手にしないという風潮を作ってしまいました。そして党員は党中央が言うことと異なる意見を述べることに躊躇するようになり、共産党には生き生きとした理論的雰囲気は無くなってきました。当時、共産党が激しく批判した加藤哲郎氏は共産党に対し「共産党は、マルクス主義の諮問官ではなく、国民の護民官たれ」という言葉を発しましたが。今日にも当てはまる言葉ではないかと思います。

共産党が「赤旗」や「前衛」などで批判した人々の多くは、日本の進歩的革新を願う人々でした。その人々が共産党が「譲ることは出来ない」と思う意見や異論を述べると徹底的に批判し排除しました。日本共産党は単独で政権を担うのではなく、統一戦線で団結し、国民の多数の支持を得ながら一歩一歩を社会を変える方針を取っています。そうすると統一戦線の見地から、多くの進歩的革新を願う人々と共通項を見出し、いかに統一を実現するかを模索しなければなりません。その上で共産党が大切だと思っていることについて、この点では貴方と意見が異なりますと明確にすればよいだけのことです。私たちが世間で暮らしていく場合、大概の場合はそうしています。しかし共産党は自分にとって重要だと思うことについて意見が異なると批判が先立ち共通点を探すなどの努力に欠けてきました。この点の根本的な改善を行わなければ多くの人は離れて行きます。私が共産党の前進のために、本著で書いたような改善を求めると、志位委員長・貴方は、今までと同じように私にたいして批判キャンペーンを行われるかもしれません。しかしそういうやり方を行われば、ますます多くの人々との対話を困難にする危険があることをお伝えしておます。

共産党は現状から脱皮し新生しなければならないと思いますが、私は共産党と別の新党を作ることには賛成しません。何故なら共産党が長年にわたって作り上げてきた社会の隅々に根を張った組織は貴重であり、これに代わる物など簡単に作れないと判断するからです。全ての都道府県に支部があるのは自民党と共産党だけです。しかも300を超える地区委員会を持っています。そして自民党とほぼ同数の2500名もの地方議員を擁しています。これらの地方議員が1万8000を超える支部と連携して地域活動を展開しています。このような組織は日本においては自民党と共産党だけです。時の政治の流れの中で自民党から分かれて新党を作った人々は、その主張が自民党を超えるものであり一時的にブームになっても組織建設において自民党を超えられず泡のように消えていきました。共産党から出て別の組織を作っても多分同じことになるでしょう。したがって大切なことは共産党自身が変わることだと思っています。ただどんなに大きな組織でも、その理論・政策・

組織方針が社会に適合しなければ衰退していきます。繰り返しますが共産党は今が正念場です。

ところで先に私は共産党の丸山真男批判のやり方は適切であったかと問題提起しました。丸山批判と直接にはかかわらないので省略しましたが、１９３０年代の共産党の活動について無視できないことがあります。１９３５年７月に開催された第７回コミンテルン大会はファシズムを打ち破るために共産党は社会民主主義さらに戦争反対の広範な自由主義者などと統一戦線形成して闘おうと呼びかけました。そしてフランス・イタリア・スペインなどの共産党はその方針に基づいて闘いました。しかし日本ではその年（１９３５年）の３月に最後の中央委員であった袴田里見が逮捕されていたために、日本共産党は反ファシズム統一戦線の方針に基づく闘いは組織出来なかったことは本文で述べました。コミンテルン第７回大会で反ファシズム統一戦線が確立されるまでのコミンテルンの方針はスターリン指導の下「社会民主主義主要打撃論」でした。そのため日本共産党も統一戦線どころか社会民主主義批判・攻撃に大きなエネルギーをさいていました。またスターリンの「ベルト論」つまり共産党が影響力のある大衆団体に対しては役員内党員を通じて党の方針を徹底させるという方針を取っていました。そのため労働組合や農民組合に対してまで「天皇制打倒」「帝国主義戦争を内乱へ」などの方針を押し付けました。そのためそれまで合法団体として活動していた労働組合や農民組合の多くが治安維持法に反する団体とされ、労働組合幹部や農民組合幹部が根こそぎ逮捕され弾圧されるという事態に陥っていきました。したがって反ファシズム統一戦線を形成できなかっただけではなく、当時主要な民主勢力であった労働組合や農民組合を天皇制政府の弾圧にさらけだす誤りを犯すことになりました。この時「天皇制打倒」や「戦争を内乱へ」に同調しない人々にたいして「日和見主義」「右翼ダラ幹」などのレッテル貼りの攻撃が行われました。

志位委員長・貴方は先の「党創立100周年記念講演」において社会民主主義者は「資本主義の打倒」は叫んでも「天皇制打倒」は主張しなかったと、共産党の革命性を語られました。しかし実際のところ当時共産党が影響力を持っていた労働組合や農民組合に対して天皇制打倒を押し付けたことが、戦前において日本の民主勢力に計り知れない程の打撃を与えたかを真摯に反省・総括しなければならないのです。現実世界で生きて闘う政党は論理の正当だけではなく、そのスローガンや政治方針が社会進歩のためにどのような役割を果たせるかを厳密に検討しなければなりません。

私が本著で提起したことにたいして志位委員長・貴方としては承服しがたいことが沢山あるでしょう。私は対等・平等で公開された討論ならいつでも何処でもどのような形式でも行う用意があります。しかし反論権を認めない一方的な批判は相手にしないつもりです。

私は、30年ぐらい前から世界は数十年ぶり、数世紀ぶりの激動期に入ったとの認識を持ってきました。そして「世界はどこから来て、今何処にいて、何処へ行こうとしているのか」という本を人生の区切りとしてまとめてみたいと思ってきました。しかし私のような浅学非才の者が一年や二年で書けないことは明確なので2018年に、私がここ10年余り行ってきた国際協力活動を中心にまとめた『異文化理解協力の旅』（文理閣）を出版しました、続いて2020年に、本格的な文明論的な本をまとめようと作業しましたが、ほぼ出来上がった時にコロナが世界的に大流行し、コロナ問題抜きに世界を論ずることは出来な事態となりました。そこで社会主義についての論考は外し『コロナ後の世界　世界を一歩前進させるために』（かもがわ出版）を出しました。そして2022年4月、省略した社会主義論をまとめた『ポスト資本主義のためにマルクスを乗り越える』（かもがわ出版）を出版しました。そうすると当然のことですが、科学的社会主義を理論的基礎としていて後退傾向の著しい日本共産党について、傍観者ではなく18歳で入党して様々な闘いを行ってきた人間として主体的にその改善・新生を願った本を書く必要性に迫られ、多くの仕事の合間を縫って7か月という短期で一気に思いの丈をつづりました。もっと調べて論じなければならない問題は沢山あります。しかし共産党の現状をみれば、今のまま改革せずに過ごせば次期国政選挙では壊滅的な後退に見舞われる危険があると思っていますので、不十分は承知の上であえて出版しました。

ところで2021年の衆議院選挙・2022年の参議院選挙での敗北・後退の反撃の第一歩は2023年の一斉地方選挙です。国勢選挙と違って住民に根差した地方議員の選挙は日常の活動がより高く評価されます。国政選挙の後退の後とは言え、的確に闘えば前進する可能性はあります。その際、重要なことは全党員が参加する党首選挙を実施するなどの党改革の方向を打ち出し「共産党は変わろうとしている」との姿を示すことだと思います。相手の岸田自公政権は国葬問題、統一教会問題、そして物価高などの国民生活の困難で国民から厳しい批判を受けており、共産党を含めた野党前進のチャンスです。

ところが11月中旬になって新たな事態が露見しました。小池晃書記局長による田村智子副委員長に対するパワハラ事件です。事件は11月5日に開催された、一斉地方選選挙勝利を目指す議員・予定候補者の会議の席上で起こりました。それから9日後の11月14日になって小池書記局長よる記者会見で明らかにされました。席上、同氏が議員の名前を間違って読み上げたのに対して、司会をしていた田村副委員長が間違いを訂正した際、小池書記局長は「訂正する必要はない。ちゃんと読んでいる」と強い口調で叱責したのはパワハラであったと認める同時に、常任幹部会において規約に基づいて「警告処分」を受けたこと、田村副委員長にたいして謝罪し、了解を得た旨を語りました。

しかしパワハラ事件を9日もたってから発表したこと、さらに「書記局長の辞任はしない」との見解は会議をユーチューブで見ていた人を中心に批判が高まっています。一斉地方選挙に向かって地方議員と予定候補者を前にして行ったパワハラ行為にたいして謝罪しながらも「書記局長は下りない」との見解は容認されない可能性が大きいでしょう。この事件と対応のやり方は共産党が結束して闘うことを困難にする危険性があります。地方議員ならびに予定候補者の人は、今のままでは小池氏による応援演説を望まないでしょう。共産党はこの問題の対応によっては一斉地方選挙で強い影響を受ける危険があります。他党の誤りについては厳しく追求し早期辞任を求めてきた共産党は事件が起ってから9日間も動かず、辞任を拒否するという自らには甘い態度を取り続けるなら、党員は志位委員長・貴方を先頭とする中央幹部に対する批判の気持ちを一層高めるでしょう。

結局、何回も選挙に敗れても責任を取らない。党勢力を激減させても責任を取らないという志位委員長・貴方の傲岸不遜な対応が「この程度のことで辞める必要はない」という判断になっているのでしょう。小池書記局長の「エリート意識」丸出しの「下の人を見下し、女性を蔑視する体質」が新たに露呈しました。全国の議員並びに予定候補者が見ている前でのパワハラです。志位委員長・貴方は小池書記長とともにただちに辞任し党首公選を行い、新しい指導部に党の改革を委ねるべきでしょう。それが世間の常識です。常識にそぐわないことをやり続けてきたことが今日の共産党の後退を招いたのです。どうか「党歴60年の古参党員の直言」に耳を傾けてください。

〈参考資料〉

丸山真男「戦争責任の落とし穴」（１９５６年3月発刊の岩波書店「思想」の共産党に関わるところ

加藤哲郎『共産党への手紙』（教育史料出版会）に掲載した「宮本・チャウシエスク共同声明」への批判の箇所

志位和夫　２０２２年5月28日「朝日新聞」インタビュー「わが党が政権に入れば自衛隊は合憲」

中曾寅彦　２０２２年６月６日「赤旗」「安倍元首相のお粗末な共産党攻撃」

２０２２年8月24日「赤旗」「日本社会の根本的変革をめざす革命政党にふさわしい幹部政策とは何か」

〈参考文献〉

（1）共産党の歴史にかかわるもの

『日本共産党の70年』（日本共産党出版局）

『日本共産党の80年』（日本共産出版局）

志位和夫『党創立１００周年記念演説」（8月19日「赤旗」）

中北浩爾『日本共産党』（中公新書）

佐藤優『日本共産党の１００年』（朝日新聞出版部）

文芸春秋2022年8月特別号「日本左翼100年の総括」

（2）日本共産党の綱領・大会決定・中央委員会総会決定

「日本共産党綱領集（コミンテルン加入条件などを収録）」（日本共産党中央委員会出版部）

「日本共産党の50年問題について」（新日本出版社）

「前衛　日本共産党大会決定特集号」第7回党大会決定〜第28回党大会決定

第28回党大会第4回中央委員会総会決定、第5回中央員会総会決定、第6回中央委員会総会決定

（3）スターリン批判とかかわって

志水速雄『フルシチョフ　スターリン批判』（講談社学術文庫）

メドヴェーデン・石堂清倫訳『共産主義とはなにか』（三一書房）

エレンステン・大津真作訳『スターリン現象の歴史』（大月書店）

中野徹三・高岡健次郎・藤井一行　編著『スターリン問題研究序説』（大月書店）

不破哲三『スターリンと大国主義』（新日本出版社）

不破哲三『スターリン秘史』（新日本出版社）

（4）民主集中制など党の在り方とかかわって

藤井一行『民主集中制と党内民主主義 レーニン時代の歴史的考察』（青木書店）

田口冨久治『多元的社会主義の政治像――多元主義と民主集中制』（青木現代叢書）

加藤哲郎『東欧革命と社会主義』（花伝社）

不破哲三『科学的社会主義研究』（新日本出版社）
収録「科学的社会主義と執権問題」
不破哲三『続・科学的社会主義研究』（新日本出版社）
収録「科学的社会主義か「多元主義」か――田口理論の批判的研究」
不破哲三『現代前衛党論』（新日本出版社）
収録　前衛党の組織問題と田口理論
収録　レーニンの党組織の歴史について
市田忠義『日本共産党の規約と党建設教室』（新日本出版社）

（5）マルクス主義と関わって
猪木正道『共産主義の系譜』（角川ソフィア）
荒木武司『マルクス社会主義論の批判的研究』（文理閣）
鈴木元『コロナ後の世界』（かもがわ出版）
鈴木元『ポスト資本主義のためにマルクスを乗り越える』（かもがわ出版）

（6）その他の文献
「宮本・チャウシェスク共同宣言　現代世界の基本問題への正確な回答」日本共産党中央委員会出版局
不破 哲三『不破哲三　時代の証言』（中央公論新社）

鈴木元（すずき・はじめ）

1944年生まれ。立命館大学一部（昼間部）経済学部卒業。日本共産党の立命館大学一部学生党委員長を経て同京都北地区委員会・府委員会常任委員（専従職員）、立命館総長理事長室室長、初芝学園副理事長などを歴任。

現在、京都府内で最大規模の共産党単位後援会の会長を務める。

著作に『異文化理解・協力の旅』（文理閣）、『ポスト資本主義のためにマルクスを乗り越える』（かもがわ出版）など多数。

志位和夫委員長への手紙――日本共産党の新生を願って

2023年1月20日　第1刷発行
2023年2月10日　第2刷発行

著　者　ⓒ鈴木元
発行者　竹村正治
発行所　株式会社　かもがわ出版
〒602-8119　京都市上京区堀川通出水西入
TEL 075-432-2868 FAX 075-432-2869
振替　01010-5-12436
ホームページ　http://www.kamogawa.co.jp
印刷所　シナノ書籍印刷株式会社

ISBN978-4-7803-1260-7　C0031